PETER FÄSSLER-WEIBEL

MUT ZUM EHEALLTAG

PETER FÄSSLER-WEIBEL

MUT ZUM EHEALLTAG

BENZIGER/REINHARDT

Für meine Frau Maria

Umschlaggestaltung: Ruedi Becker, Zürich
Satz: Fotosatz Otto Gutfreund, Darmstadt
Gesamtherstellung: Clausen & Bosse, Leck

ISBN 3 545 26170 0 (Benziger)
ISBN 3 7245 0459 4 (Reinhardt)

Inhalt

Vorwort

Dieses Buch soll ein Arbeitsbuch für Partner sein, die ständig an ihrer Beziehung arbeiten möchten. Genau so, wie es meine Frau und ich auch immer wieder zu tun versuchen. Und wenn ich sage «versuchen», dann meine ich es auch so. Auch bei uns schleichen sich Unebenheiten ein, die letztlich verheerenden Charakter haben könnten, würden wir sie nicht gleich zu korrigieren versuchen. Diese Arbeit ist hart, aber schön, denn die Beziehung zum Partner gewinnt von Tag zu Tag. Schließlich sind wir auch eine Beziehung auf Lebenszeit und nicht nur auf Zeit eingegangen.

In den nachfolgenden Kapiteln möchte ich anhand von Problemstellungen aus dem Alltag Ihnen und Ihrem Partner kritische Fragen zu Ihrer gegenseitigen Beziehung stellen. Immer in der leisen Hoffnung, daß Sie sich dieser Herausforderung zugunsten Ihrer ehelichen Beziehung stellen. Ich weiß, daß ein Hinterfragen dessen, was man macht, immer unangenehm ist. Es ist ja jeder in einer besonderen, speziellen Lage. Aufgrund meiner Erfahrungen meine ich aber, daß diese Spezialistenperspektive oft ein Sich-Verschanzen vor den eigenen Problemen darstellt. Wenn jemand nicht bereit ist, sich kritische Fragen stellen zu lassen, dann ist er seiner Sache vermutlich auch nicht so sicher. Unsicherheiten können aber abgeklärt und, falls nötig, auch korrigiert werden. Diesen Prozeß kann ich Ihnen allerdings nur empfehlen, machen müssen Sie ihn selber.

Ich erhebe mit diesem Buch überhaupt keinen Anspruch auf Vollständigkeit. Es sind lediglich einige Ausschnitte aus dem Alltag, die sich in meiner beruflichen Tätigkeit häufen. Auch sind meine Überlegungen lückenhaft oder zum Teil nicht ausgewogen. Ich will das auch so haben. Ich will, daß Sie aufgrund Ihrer Beziehung, Ihrer Erfahrung und mit Ihrem Partner zusammen, Ihre persönliche Situation immer neu überdenken, wobei Ihnen meine Überlegungen lediglich Orientierungshilfen sein sollen. Vielleicht finden Sie sich in irgendeinem der beschriebenen Beispiele, vielleicht auch (noch) nicht. Denken Sie aber auch später daran, daß es Orientierungshilfen für den ehelichen Alltag gibt.

Mit den «Fragen zum Nachdenken» greife ich wichtige Punkte des jeweiligen Kapitels heraus und fasse sie in Frageform zusammen, damit Sie diese Punkte nochmals genau überdenken.
Mit den «Aufgaben» möchte ich Ihnen zeigen, wie Sie konkret vorgehen könnten, um Ihre eheliche Beziehung zu verbessern. Ich möchte Ihnen damit helfen, den Weg zueinander zu ebnen.

Ein Wort des Dankes

In meinem jugendlichen Übermut habe ich mich an die Arbeit gewagt, die schließlich zu diesem Buch führte. Dies kam so: Doris Weber-Kauf, die Chefredaktorin der Schweizer Zeitschrift «ehe-familie» hat mich anläßlich einer Tagung gefragt, ob ich bereit wäre, eine Artikelserie über Eheprobleme zu schreiben. Fasziniert von dieser neuen Aufgabe habe ich hierauf spontan zugesagt. Die Reaktionen aufgrund dieser Artikel ermutigten mich, sie zu überarbeiten und führten zum vorliegenden Buch.

Allerdings möchte ich an dieser Stelle erwähnen, daß ich diese Arbeit ohne die tatkräftige Unterstützung von Doris Weber-Kauf und dem Lektorat des Benziger-Verlages wohl kaum in so kurzer Zeit hätte realisieren können. Ihnen möchte ich herzlich danken.

Einen ebenso herzlichen Dank verdienen jene Freunde, die durch die kritische Lektüre des Manuskripts oder durch die Schreibarbeit tatkräftig mitgeholfen haben. Es sind dies: Gret Leutwyler, Romy Padrutt-Hanselmann, Hubert Buchs, Peter Meier und meine Schwägerin Anneliese Fässler. Ihnen allen möchte ich für ihr intensives Mitdenken und Mitarbeiten ganz herzlich danken.

Zürich, im Mai 1980 Peter Fässler-Weibel

1. Miteinander reden

Ein junges Paar wird nach vier Ehejahren gerichtlich geschieden. Beide sagen aus, daß sie während ihrer ganzen Bekanntschaftszeit eigentlich nie richtig miteinander gesprochen, auf den andern gehört und einander verstanden hätten. Sie glauben deshalb, daß ihre Ehe eigentlich gar nie richtig funktioniert habe. Der Richter fragt, ob sie denn nicht in eine Ehetherapie gehen möchten. Beide zucken mit den Schultern und sagen, daß sie ihre Meinungen gemacht hätten. Sie wollten einfach nicht mehr aufrollen, was sie nun mühsam hinter sich gebracht hätten.

Diese Lebensart ist für mich unverständlich, nicht reden, nicht zuhören und sich nicht verstanden fühlen. Drei wahrhaft wichtige Grundbedingungen für das Gelingen einer Beziehung wurden nicht erfüllt. Als wichtigstes Prinzip für das Gelingen einer einigermaßen befriedigenden Paarbeziehung gilt die *gleichberechtigte Partnerschaft*. Damit dieses Prinzip überhaupt realisiert werden kann, muß jeder wohl oder übel an sich selber mit der Arbeit beginnen. Jede Beziehung erfordert von beiden Partnern große Anstrengungen, soll sie zu einer befriedigenden Lebensgemeinschaft werden. Eine gute Beziehung ist nicht einfach da, sondern sie *wird*, sie entsteht in einem langen Prozeß. Dafür ist jeder der Partner zu gleichen Teilen verantwortlich.

Eines der wichtigsten Elemente ist für mich das *offene Gespräch*. Viele Paare getrauen sich nicht, einander peinliche oder aggressive Inhalte mitzuteilen. Sie fürchten sich vor ungehaltenen und unbegründeten Reaktionen des Partners. Vielfach werden dann die Probleme einfach verdrängt, geschluckt und unterdrückt. Besteht nicht gerade dabei die Gefahr, daß solche Reaktionsweisen auf Umwegen eben doch zerstörerischen Charakter haben? Sie kommen irgendwann wieder zum Vorschein, und sei es auch nur in der bekannten Überlegung: «Aha, jetzt macht er/sie das schon wieder. Immer das gleiche!» Im Verlaufe der Zeit lernt jeder, seinen Partner nach ganz bestimmten, eher negativ orientierten Kriterien zu beobachten. Er registriert genau und eindeutig, wann der Partner was und wie gemacht hat. Immer wieder stoßen ihm die früheren Beobachtungen auf und signalisieren ihm die Entwicklung des

Partners. Diese Beobachtungen gehen so weit, bis er den Zustand nicht mehr erträgt. In der Regel brechen dann Gefühle und Informationen so heftig durch, daß sich der Partner nur noch in eine Abwehrstellung zurückziehen kann. Wäre es nicht Aufgabe beider Partner, dem andern die an ihm festgestellte negative Entwicklung frühzeitig anzuzeigen?

Jeder hat Möglichkeiten, dem Partner Mitteilungen zu machen, ohne daß sich dieser vor den Kopf gestoßen fühlt. Jeder kann nämlich von sich und seinen eigenen Empfindungen berichten, von all den Gefühlen, die sich in ihm freilegen, und die er nicht verdrängen kann oder will. Solche Botschaften nennt man Ich-Botschaften. Signale eines Partners über sich selber sind Mitteilungen, mit denen der andere Partner auch in peinlichen oder für ihn unangenehmen Situationen Reaktionsmöglichkeiten erhält, ohne daß er sich gleich zum Gegenangriff zu rüsten hat.

Eine Reaktionsmöglichkeit ist dabei allerdings die *Entwertung*: Der Partner kann die Äußerungen des andern und damit diesen selber persönlich entwerten, indem er ihn und sein Anliegen ignoriert, das Thema wechselt, nicht auf ihn eingeht (Zeitung weiter liest) oder mit einem nicht passenden Kommentar seine Äußerung verallgemeinert. Durch diese Entwertung fühlt er sich abgelehnt, nicht verstanden und zur Unperson degradiert. In einigen Fällen habe ich auch festgestellt, daß die perfideste Form der Entwertung ein Lächerlich-Machen des Partners darstellt. Äußerungen des Partners werden einfach mit sogenannt humorvollen Gegenargumenten, die meistens unter der Gürtellinie liegen, unter den Tisch gewischt. Der Partner hat diese Aktionen entweder zu goutieren oder ebenfalls als lustig zu betrachten. Fühlt er sich aber zu Recht verletzt, dann wird ihm meistens nachgesagt, er sei ein humorloser ‹Trottel›.

Sehr zu beachten ist auch, daß entwertende Äußerungen immer zwei Seiten haben: Entwertet jemand nämlich seinen Partner, dann entwertet er nicht nur diesen, sondern auch sich selber. Jede dieser Wunden hinterläßt Narben. Gelingt es nicht, den Heilungsprozeß optimal zu gestalten, dann werden die Narben immer wieder aufbrechen. Zudem zeugt es natürlich von einer besonderen Schwäche, wenn jemand sich zu seiner Entschuldigung auf höhere Mächte, das Radio, das Fernsehen oder auf faule Sprüche wie «kommt in den besten Familien vor» und dergleichen berufen muß.

Eine weitere Reaktionsmöglichkeit ist die *Verwerfung*: Sie besteht darin, auf die Selbstdefinition des Partners zwar einzugehen, sie aber zu verwerfen. Man nimmt dabei den Partner und sein Anliegen ernst, ist aber in Teilaspekten anderer Meinung. Hier liegt bereits etwas drin, was bei der Entwertung der Aussagen des Partners nicht beachtet wird: aktiv zuhören! Damit auf den Partner überhaupt eingegangen werden kann, muß der Partner vorerst wirklich zuhören. Er muß sich Zeit nehmen, den andern und sein Anliegen verstehen zu lernen. Gewisse Formen von Ablehnungen können sogar heilsam sein, dann nämlich, wenn es darum geht, irrtümliche Aussagen des Partners zu korrigieren. Diese begrenzte Anerkennung läßt die Beziehung bereits lebendiger werden.

Die dritte Möglichkeit betrifft die *Bestätigung* dessen, was der Partner als Selbstdefinition zu vermitteln versucht: «Ja, genau so ist es.» Wenn eine Frau aber das Gefühl hat nicht verstanden zu werden, dann heißt das noch lange nicht, daß die Äußerung als Vorwurf an den Mann zu verstehen ist. Eine Selbstdefinition ist eine Äußerung von sich über sich, auf die der Partner jederzeit eintreten kann. Die Entwicklung dieser Gesprächsebenen ist unendlich und mündet immer wieder in eine Bestätigung, Verwerfung oder Entwertung des Partners.

Versuchen wir, uns das nochmals anhand eines Satzbeispieles vor Augen zu halten:

Frau: «Ich fühle mich einfach nicht so glücklich.»
Mann: «Ja, ich habe auch das Gefühl, daß Du nicht so glücklich bist.» (Bestätigung)
«Ich habe gar nicht das Gefühl, daß Du unglücklich bist.» (Verwerfung)
«Soll vorkommen.» (Entwertung)

Wir haben mit der Sprache ein Instrument, welches wir nicht so zu nutzen vermögen, wie es eigentlich sein sollte. Ich werde im Verlaufe meiner Tätigkeit als Ehe- und Familientherapeut und auch als Ehemann und Familienvater immer wieder damit konfrontiert. Sollen wir nun die Entwicklung unserer Beziehungen, die wir eigentlich entscheidend beeinflussen könnten, einfach dem Zufall überlassen? Ich meine nein.

Wir müssen immer wieder, jeden Tag von neuem, an der Beziehung zu unserem Partner arbeiten. Wir können aus einer unbefriedigenden Beziehung eine befriedigende Beziehung machen. Wir können aus einer guten Beziehung eine bessere machen. Schlechter wird die Beziehung von selbst, wenn wir uns nicht darum bemühen. Warten Sie nicht bis fünf vor zwölf, sondern beginnen Sie lieber heute schon mit der Arbeit. Beachten Sie aber auf jeden Fall folgende, zum ehelichen Gespräch grundlegende Hinweise:

Aufgaben

Versuchen Sie:

- Ich-Botschaften zu senden (von sich und seinen Empfindungen sprechen),
- aktiv zuzuhören (sich Zeit nehmen für den Partner),
- auf den Partner und seine Aussagen einzugehen

Als Gedächtnisstütze (für ein gutes Gespräch) können Sie diese drei wichtigen Merkmale auf einen Zettel schreiben und ihn auf die Innenseite Ihres Kleiderschrankes kleben. Sie werden so jeden Morgen neu daran erinnert.

2. Habe ich den richtigen Partner gewählt?

Der meistgeäußerte Satz, den ich in den Sprechstunden höre, ist folgender: «Ich glaube, ich habe nicht den richtigen Partner gewählt.» Viele versuchen mir damit mitzuteilen, daß ihr Partner die Erwartungen an die Ehe und an ihn selber nicht erfüllt habe. Sie versuchen auch nachzudenken, weshalb wohl ihre Ehe Gefahr läuft auseinanderzubrechen. Ich habe oft den Eindruck, daß manche froh sind, damit endlich, nach langem und zermürbendem Grübeln, einen Grund gefunden zu haben. Zwangsweise heißt dann auch die nachfolgende Schlußfolgerung: Der Partner ist schuld! Solche Schlußfolgerungen sind nicht nur einseitig sondern auch sehr gefährlich. Zum ersten ist sicher zu sagen, daß eine eheliche Beziehung mit dem Einsatz von beiden Partnern steht oder fällt. Eine objektive Feststellung der Schuldhaftigkeit ist in den wenigsten Fällen möglich. Ich wehre mich auch immer dagegen, nach Schuld oder Unschuld zu suchen. Selbst dem Richter gelingt die wirkliche Abklärung dieser Frage nicht. Wohl kann aufgezählt werden, was der andere gemacht oder eben nicht gemacht hat. Auch gibt es handfeste Kriterien, die festlegen, was recht oder falsch ist. Sie sind in den Gesetzen nachzulesen, beschreiben jedoch nur die Handlungen, nicht aber die Gründe oder Hintergründe, die zu den Handlungen führten. Anhand dieser Kriterien kann wohl festgestellt werden, was der Partner falsch macht; aber nicht, was ihn veranlaßt hat, so zu handeln. Reaktionen, wie «der Partner soll...» oder «er ist schuld», sind eine Flucht ins Unverbindliche, Unbestimmte. Zum zweiten können wir mit dieser fadenscheinigen Begründung den Zustand legalisieren und die Mitverantwortung elegant delegieren. Der einzige Fehler, den wir begangen haben und den wir eingestehen ist dann nur der, den falschen Partner gewählt zu haben. So einfach ist diese Geschichte allerdings nicht.

Wenn wir heute in einer ehelichen Krisensituation das Rad zurückdrehen und die Partnerwahl als falsch bezeichnen, dann versuchen wir, einer Situation Schuld zu geben, die von uns damals vollumfänglich akzeptiert wurde, und in der wir uns damals auch wohl fühlten.

Wahl oder Zufall?

Der Zeitpunkt der Partnerwahl ist im Prinzip ein sehr kritischer Zeitpunkt. Statistiken zeigen, daß das Durchschnittsalter bei der Erstheirat bei den Männern 25 Jahre und bei den Frauen 23 Jahre beträgt (1976). In einem Alter, in dem es gilt, sich vom Elternhaus loszulösen (wenn das nicht unter Getöse bereits früher der Fall war) und sich beruflich zu konsolidieren. Nicht wenige absolvieren in dieser Zeit einen zweiten Bildungsweg oder stecken noch mitten im Studium. Der Prozeß, erwachsen zu werden, ist in vollem Gange. Und in diesen Prozeß hinein wagen wir, die Entscheidung des Lebens zu fällen. Eine Entscheidung mit bedenklich vielen Konsequenzen.

Ist ein Mensch in diesem Alter wirklich in der Lage, die Konsequenzen, die dieser Entscheid mit sich bringt, auch wirklich zu überblicken? Ich glaube kaum. Ein verschwindend kleiner Teil besucht einen eintägigen Ehevorbereitungskurs, wie er etwa von der katholischen Kirche als Bedingung für eine kirchliche Eheschließung vorgeschrieben wird. An diesen Vorbereitungskursen, an denen ich als Referent teilnehme, merke ich immer wieder, wie gelangweilt einige herumsitzen. Für sie gibt es keine Probleme. Sie stehen souverän darüber und finden diese Kurse lächerlich. Sie sind nicht einmal bereit, sich auf dieser Ebene mit dem Partner auseinanderzusetzen. Sie schauen lässig auf die Uhr oder schleichen während einer Pause davon, um sich in Kinos und Restaurants zu vergnügen. Zurück bleibt eine bescheidene Gruppe, die doch noch versucht, sich etwas mit der Problematik auseinanderzusetzen.

Wie vorschnell eine Partnerwahl aber oft getroffen wird, und wie wichtig deshalb eine gründliche Abklärung vor der Heirat wäre, zeigt folgendes Beispiel:

Anschließend an einen solchen Vorbereitungskurs kam eine junge Frau zu mir und berichtete, daß sie Probleme religiöser Natur hätten. Ihr Partner sei katholisch und sie reformiert. Sie wüßten einfach nicht, in welchem Glauben sie nun ihre Kinder erziehen sollten. Wir fanden rasch einen Termin für ein gemeinsames Gespräch. Dabei fiel mir auf, daß diese junge Frau sich sehr ernsthaft mit diesem Problem auseinandersetzte. Ihr Partner hingegen hielt stur und einfältig daran fest, daß die

Kinder in seinem Glauben, also katholisch, erzogen werden müßten. Zu sagen ist allerdings noch, daß die Frau aus einer Stadt kam, und der Mann in einer überwiegend katholischen Gegend aufwuchs. Im Verlaufe des Gespräches merkte ich zusehends, daß die Frau unter der Sturheit ihres Partners litt. Sie fühlte sich mit ihrem Anliegen überhaupt nicht verstanden, ja sogar abgelehnt. Als sie dann recht zaghaft zu äußern versuchte, daß sie eigentlich lieber die Kinder in *ihrem* Glauben erziehen möchte, klemmte er sie wieder auf eine recht unsanfte Art und Weise ab. Sie begann zu weinen. Offenbar lösten diese Tränen bei ihm etwas aus. Ihr entgegenkommend, äußerte er folgenden Vorschlag: «Gut, in diesem Falle will ich, daß die Mädchen reformiert und die Knaben katholisch erzogen werden!» Dieser Vorschlag war nun allerdings mehr als lächerlich. Es gelang mir in der Folge in relativ kurzer Zeit, diese beiden auseinanderzubringen. Die junge Frau blieb vor einer katastrophal werdenden Ehe verschont, nicht aber seine nächste Partnerin.

Sicher kann man sich in diesem Zusammenhang fragen, weshalb denn ein so sturer Mann überhaupt eine Partnerin gefunden hat. Diese Frage stellte ich der jungen Frau nachher auch. Sie gab mir zur Antwort: «Ich hatte ihn gerne. Er war charmant, hilfsbereit, liebenswürdig, verdiente gut, hatte ein tolles Auto, eine eigene Wohnung und vor allem hatte er ein sehr selbstsicheres Auftreten. Er fällte relativ rasch seine Entscheidungen und blieb auch dabei. Das hat mir besonders gut gefallen. Erst im Zusammenhang mit den Heiratsvorbereitungen merkte ich, daß er eigentlich sehr eigenmächtig handelte. Er bestimmte, in welcher Kirche wir getraut werden sollten. Er hatte zusammen mit dem Trauzeugen das Restaurant ausgewählt und auch alles andere organisiert. Ich hatte dazu überhaupt nichts zu sagen. Eigentlich störte mich diese Art, ich dachte aber, daß er sich schon noch ändern wird, wenn wir dann verheiratet sind.» Das anscheinend religiöse Problem hatte sich klar als Problem zwischenmenschlicher Natur herausgestellt. Etwas beschämt gestand mir die junge Frau, daß ihr ehemaliger Partner ihr bezüglich Selbstvertrauen eigentlich sehr viel geholfen hatte. Sie war jedesmal froh, wenn ihr Partner heikle Entscheidungen selber fällte. Sie unterstützte ihn sogar. Ihr Partner ersetzte ihr das mangelnde Selbstwertgefühl. Eigentlich fühlte sie sich in ihrer Rolle recht wohl. Dadurch, daß sie nun schon einige Monate zusammenlebten, begann sie, an Selbstwertgefühl zu gewinnen. Sie ließ die Entscheidungen nicht mehr total unwidersprochen und begann auch mitzuentscheiden. Allerdings wurden diese Aktivitäten von ihrem Partner nicht sehr geschätzt. Die einst abhängige Partnerin begann langsam selbständig zu werden. Sie begann am Beispiel und an der Seite ihres Partners einen Entwicklungsprozeß.

Stehengeblieben ist in diesem Beispiel der Mann. Er konnte die Entwicklung seiner Partnerin nicht mitvollziehen. Es wäre verfehlt, zu behaupten, daß dieses Beispiel typisch sei für den landläufigen Spruch, daß sich Gegensätze anziehen. Genauso unsachlich ist die Verallgemeinerung, daß gleich und gleich sich gerne geselle. Vielmehr muß die Paarbildung als Anpassungsprozeß von zwei Menschen an eine völlig ungewohnte neue Umgebung verstanden werden. Dabei lassen wir uns von Leitbildern und persönlichen Kriterien leiten, welche wir uns im Verlaufe unserer Entwicklung zugelegt haben. Unsere Leitbilder stammen hauptsächlich aus den Erfahrungen aus dem Elternhaus oder von Idealen, denen wir in unserer Phantasie nachzueifern suchen. Jürg Willi sagt: «Besonders wichtig für den Anpassungsprozeß dürfte sein, ob man sich vom Partner in einer Selbstdefinition akzeptiert und bestärkt fühlt, die den eigenen Idealen nahe kommt, und ob man dem Partner Bestätigungen in einer Selbstdefinition geben kann, durch die er sich verstanden fühlt. Die Gefahr, daß sich ein neurotisches Arrangement im Sinne einer Kollusion (Anhäufung) bildet, ist deshalb so groß, weil neurotische Beziehungsstörungen mit Leiden verbunden sind, und die hoffnungsvolle Erwartung besteht, wenigstens in der Beziehung zu *einem* Menschen voll akzeptiert, idealisiert und von bisherigen Beziehungsängsten erlöst zu werden. Diese Erwartungen gehören zu den stärksten Motivationen zur Bildung und Ausgestaltung einer Paarbeziehung.» Mit andern Worten will das heißen, daß wir uns von jenem Partner am meisten angezogen fühlen, der unser persönliches Defizit am besten decken kann. Aus dem vorher erwähnten Beispiel ging deutlich hervor, daß sich die junge Frau besonders stark mit dem sehr selbstsicheren Auftreten des Mannes identifizierte. Eine Eigenschaft, die ihr fehlte, die sie gerne selbst haben möchte, was ihr in ihrer damaligen Situation aber nicht möglich war. Im Verlauf der Zeit konnte sie ihr Defizit aufarbeiten und benötigte nun ihren Partner nicht mehr so wie früher. Ihr Partner, in seiner Fixation hängengeblieben, kann nun seine Frau nicht mehr verstehen, was zwangsweise zu einem Konflikt führen muß. Wäre es ihm gelungen, anhand des Entwicklungsprozesses seiner Partnerin ebenfalls Lehren zu ziehen, so hätte ein Konflikt umgangen werden können.

Aus diesen Überlegungen finde ich, daß die Frage, ob ich wohl den richtigen Partner geheiratet habe, in dieser Form nicht beantwortet werden darf. Josef Venetz, Eheberater in Bern, meint, daß man sich nicht ständig einreden soll, man passe nicht zusammen. Es wäre wohl klüger, sich einzuhämmern, daß man zusammengehöre. Das würde heißen, daß man sich gemeinsam über die Entwicklung der ehelichen Beziehung immer wieder Rechenschaft ablegt.

Fragen zum Nachdenken

- Was faszinierte mich damals an meinem Partner?
- Welches war mein erklärtes Eheziel?
- Wie erlebte ich meinen Partner?
- Wie fühlte ich mich in seiner Nähe?
- Was erwartete ich von meinem Partner?
- Wie verhielt ich mich meinem Partner gegenüber?

Enttäuschungen und...

Enttäuschungen gehören zu jedem ehelichen Alltag. Sie entstehen, weil Erwartungen, die in den Partner gesetzt werden, von diesem nicht erfüllt werden. Sind Enttäuschungen denn wirklich so negativ? Versuchen wir doch einmal dieses Wort genauer unter die Lupe zu nehmen. Der Begriff «Ent-Täuschung» besteht aus zwei Teilen, der Vorsilbe «Ent» und dem Hauptwort «Täuschung». «Ent» bezeichnet das Gegenteil oder den Gegensatz von etwas. Den Begriff «Täuschung» brauche ich wohl nicht näher zu beschreiben. Eine Enttäuschung ist demnach nichts anderes als das Gegenteil einer Täuschung. Fühlen wir uns also enttäuscht, dann will das heißen, daß der Partner unsere Täuschung, die wir in ihn setzten, nicht erfüllt hat. Er korrigiert damit unsere Optik. Er signalisiert uns, daß unsere Annahme aus seiner Sicht nicht richtig ist. Er führt uns hin zur Wirklichkeit. Die Täuschung liegt nicht beim Partner, sondern eindeutig bei uns. Schmerzhaft an der Enttäuschung ist nicht, daß der Partner die Norm nicht erfüllt, sondern, daß wir ihn mit unseren Erwartungen überfordert haben. Wir haben etwas von ihm verlangt, was er gar nicht geben kann oder will. Eine Korrektur ist also bei uns nötig.

Immer wieder höre ich, daß die Phase der großen Enttäuschungen schon nach wenigen Ehejahren einsetzt. Für viele Paare beginnt damit eine lange Leidenszeit. Stellen Sie sich vor, was die Frau in unserem Beispiel im Verlaufe der Zeit mit ihrem selbstherrlichen Partner noch alles erlebt hätte. Sicher kennen Sie aus eigener Erfahrung, wie schmerzhaft diese Zeit sein kann. Man versucht, sich aus dem Weg zu gehen, glaubt, das Heil in der Arbeit zu finden, meidet jede unnötige Auseinandersetzung und hofft auf bessere Tage. Einige allerdings, und es sind nicht wenige, versuchen auch, ihrem Unmut Luft zu verschaffen. Für sie wird der Leidensweg weniger lang, dafür umso nahrhafter und schrecklicher. Viele Ehen müßten nicht geschieden werden, hätten die Partner den Mut, früh, wesentlich früher jedenfalls als um fünf vor zwölf, einen gemeinsamen Ausweg zu suchen. Die Erfüllung des partnerschaftlichen Zusammenspiels gelingt erst durch die Korrektur der falschen Erwartungen an den Partner. Dann nämlich, wenn wir bereit sind, unsere Erwartungen an die Wirklichkeit anzupassen, wenn wir in der Lage sind, auf die tatsächlichen Bedürfnisse des Partners einzulenken, dann beginnt jene Hoch-zeit, die vor X-Jahren gefeiert wurde.

...was daraus werden kann

Eine lebendige Partnerschaft braucht eine permanente Standortbestimmung. Beide Teile, Mann und Frau, müssen sich anhand ihrer Beobachtungen laufend über den Stand der ehelichen Entwicklung orientieren. Einseitige Beobachtungen verleiten zu eigenwilligen und unkorrekten Schlußfolgerungen. Sie sind geprägt und gefärbt von den eigenen Erlebnissen. Es fehlt eine sachliche Korrekturmöglichkeit. In vielen Köpfen geistert die irrige Meinung, daß das partnerschaftliche Zusammenspiel ein leichtes Spiel sei. Sie erachten es als normal, wenn alles rund läuft. Ihr Engagement ist denn auch alles andere als hervorragend. Sie begnügen sich damit, einmal verteilte und übernommene Rollen zu spielen und überlassen das Schicksal oft höheren Mächten. Ich meine, daß es, nehme ich den Begriff der Partnerschaft ernst, ein ständiges Arbeiten an der Beziehung bedingt, um möglichst à jour zu bleiben und nicht plötzlich unvorhergesehenen Schwierigkeiten und Problemen begegnen zu müssen.

Aufgaben

- Vereinbaren Sie mit Ihrem Partner einen fixen Zeitpunkt, bei dem Sie nur mit ihm allein über folgende Problemkreise diskutieren:
  - Was für Erwartungen habe ich nicht erfüllt?
  - Was erwartest Du heute von mir?
  - Was stört Dich an mir?
  - Was findest Du gut an mir?
  - Was möchtest Du, daß ich anders mache?
  - Was soll ich weiter so tun, wie ich es bis heute getan habe?
- Legen Sie zwei oder drei Punkte fest, die Sie anders machen möchten.
- Beobachten Sie Ihren Partner, ob er versucht, die gemeinsamen Vereinbarungen einzuhalten.
- Teilen Sie ihm abends vor dem zu Bett gehen mit, was sie beobachtet haben.

3. Die Ehe im Streß

Unlängst kam eine Frau zu mir in die Sprechstunde und berichtete mir von ihrer Ehegeschichte. Vor 10 Jahren hat sie geheiratet und ist heute Mutter von drei Kindern, einem Mädchen (neunjährig), einem Knaben (siebenjährig) und nochmals einem Mädchen, das heute dreijährig ist. Frau Ruf (so soll sie hier heißen) berichtet von enormen Schwierigkeiten zwischen ihr und ihrem Mann. Beide sind rund vierzigjährig. Der Mann ist aktiver Sportler und in seiner Sparte auch mehrmaliger Schweizermeister. Kurz nach der Heirat besuchte der Mann als berufliche Weiterbildung eine dreieinhalbjährige Abendschule. Während dieser Zeit, so erzählt die Frau, habe sie ihren Mann lediglich am Sonntag gesehen. Auch die Kinder hatten nicht viel von ihm. Am Montagabend, Mittwochabend und am Samstagvormittag besuchte er die Schule. Am Dienstag- und Freitagabend trainierte er, so daß für die Familie noch der Donnerstagabend, der Samstagnachmittag und der ganze Sonntag zur Verfügung standen. Ein aktiver Sportler begnügt sich aber nicht nur mit einem intensiven Training, sondern will auch noch an Meetings und Meisterschaften teilnehmen. Herr Ruf belegte im Monat drei Wochenenden mit solchen Starts. Er begründete seine sportliche Tätigkeit mit dem dringend notwendigen psychischen Ausgleich. Der Lebensinhalt der Frau bestand vorwiegend darin, Kinder zu kriegen und sie auch zu erziehen. Sie ließ ihren Mann voll gewähren und hielt die Kinder möglichst fern von ihm. Sie wollte nicht, daß der Mann an den wenigen Abenden, die er zuhause verbrachte, noch allzu stark mit Erziehungsproblemen belastet wurde. Ein Gespräch zwischen ihr und ihrem Mann war praktisch unmöglich, da er abends jeweils kaum vor elf Uhr nach Hause kam und am Morgen das Haus bereits um sieben Uhr wieder verließ. Die Frau vertröstete sich damit, daß es nach dem Abendstudium sicher besser werde. Dieser Moment kam, nach langen dreieinhalb Jahren, doch besser ging es nachher nicht. Warum wohl?

Ich brauche Ihnen wohl nicht zu erklären, was Streß bedeutet. Unser gemeinsames Merkmal ist es ja, daß wir gestreßte Menschen sind. Haben wir uns auch schon mal die Frage gestellt, warum es so ist und welche

Auswirkungen dieses «Gestreßtsein» auf unsere Ehe überhaupt hat? Ist es nicht so, daß unser Bedürfnis nach mehr Luxus und Komfort uns immer größere persönliche Leistungen abverlangt? Leistungen, die zwar mehr Reichtum und Wohlstand einbringen, uns gleichzeitig aber auch in eine Hetzjagd gegen uns selbst stürzen. Das ganze Jahr hindurch wird eisern gespart, damit im Sommer und im Winter tolle Ferien gemacht werden können. Besuchen Sie doch einmal an einem Wochenende einen Flugplatz und beobachten Sie die mit Chartermaschinen heimkehrenden Menschen, die die große weite Welt hinter sich haben. Der braunen Hautfarbe nach scheinen sie offenbar ihr sommerliches Plansoll erfüllt zu haben. Doch sie sind hundemüde, abgekämpft, von der langen Reiserei total erledigt und brauchten jetzt eigentlich Ferien, um sich vom «Ferienstreß» zu erholen. Oder beobachten Sie die teils haarsträubenden Szenen in den Autos, die unter sommerlicher Hitze in endlosen Kolonnen steckengeblieben sind. Die ganze Erholung läuft Gefahr, in wenigen Stunden wieder aufgebraucht zu sein. Nicht besser geht es im Winter zu und her. Da wird während dem Wochenende Ski gefahren und zwar oft bis an die Grenze der physischen Leistungsfähigkeit. Danach quält man sich mit der Bahn oder mit dem Auto wieder heimzu und fällt buchstäblich ins Bett, das allerdings nur im besten Fall. Für viele Familien beginnen hier zermürbende Kleinkriege. Für die Ehepaare erneute und oft schmerzhafte Streßsituationen.

Ähnlich hat unsere Familie Ruf ihre Ferien in Erinnerung. Anfänglich, so berichteten sie, sei es noch ganz gut gegangen. Erst als es in der zweiten Ferienwoche im sonst sonnigen Süden praktisch nur regnete, sollen sich die Kinder jeden Tag unmöglicher benommen haben. Frau Ruf versuchte, die Kinder zu beruhigen und versprach ihnen alles mögliche. Brauche ich an dieser Stelle zu erwähnen, daß Frau Ruf bereits am dritten Tag alles, was sie versprochen hatte, nicht mehr einhalten konnte? Vom Mann erhielt sie keine Unterstützung. Vielmehr reklamierte er und warf ihr vor, grobe Fehler in der Kindererziehung zu machen. Sie müsse hart strafen. Wenn es nicht anders gehe, dann eben auch mit Schlägen. Von da an schuf er Ordnung, indem er die Kinder schlug. Herr und Frau Ruf sprachen nicht mehr miteinander. In giftigen und gehässigen Bemerkungen belasteten sie gegenseitig ihre Beziehung.

Leistung um jeden Preis?

Unser Leistungsdenken läßt uns in der persönlichen und zwischenmenschlichen Beziehung immer ärmer werden. Unsere Phantasie beschränkt sich auf ein kommerzielles Minimum. Wir laufen Gefahr, zu vergessen, daß wir trotz allem technischen Fortschritt und gesteigertem Lebensstandard doch nur Menschen sind, deren Bedürfnisse sich letztlich nicht nur mit materiellen Gütern befriedigen lassen. Die Auswirkungen auf unsere Ehe bleiben nicht aus. Wir haben kaum mehr Zeit füreinander, kaum mehr Geduld, aufeinander einzugehen. Wir erwarten Verständnis vom Partner für *unsere* Situation, sind aber nicht in der Lage, ihm in *seiner* Situation Verständnis entgegenzubringen. Die Frau zum Beispiel setzt in ihren Mann die Erwartung, daß er erfolgreich ist und möglichst viel verdient. Gleichzeitig aber beklagt sie sich über ihre Isolation, die die totale berufliche Beanspruchung des Mannes mitbringt. Er hingegen hält es für selbstverständlich, daß sie seiner Überbelastung gebührend Rechnung trägt und keine Ansprüche in Bezug auf die Erziehung der Kinder an ihn stellt. Er erwartet von ihr, daß er sich abends ausruhen und erholen kann, denn Hausfrauen haben es ja schließlich schön! Ich muß Ihnen ehrlich gestehen, daß ich bei solchen Äußerungen der Männer über die Arbeit ihrer Frauen innerlich recht ungehalten reagiere. Meines Erachtens ist der Beruf einer Hausfrau (für mich ist er ein vollwertiger Beruf) einer der abwechslungsreichsten und vielfältigsten Berufe, die es überhaupt gibt. Voraussetzung ist allerdings, daß die Frau mit ihrer Aufgabe etwas anfangen kann und will. Es ist ein auffälliges Merkmal von «gestreßt sein», wenn Ehepaare beginnen, einander zu entwerten. (Er z. B.: Laß mich jetzt in Ruhe, ich bin müde. Du kannst ja den ganzen Tag ausruhen! – Sie: Für Dich zählt ja doch nur das Geschäft. Für die Familie hast Du nichts übrig!) Schweigen, störrische Mienen, brüske Abkehr sind ebenso deutliche Äußerungen und verletzen genauso stark wie böse Worte. Obwohl wir klar erkennen, daß die familiären Beziehungen immer oberflächlicher und kritischer werden, hüten wir uns im allgemeinen, den eingeschlagenen Kurs aufzugeben. Wir sonnen uns weiterhin in beruflichen Erfolgen, erwarten immer mehr Geld, um immer noch besser leben zu können. Was nützt uns aller Luxus und Komfort, wenn wir nicht mehr in der Lage sind, in der Familie ein vernünftiges und anständiges Gespräch zu führen? Was nützen mir die Ferien im Fernen Osten, Kreuzfahrten usw., wenn ich meinen Partner nicht mehr verstehe?

Was ist wichtiger?

Ganz allgemein messen wir heute der Ehe und der Familie eine zu geringe Bedeutung bei. Sicher sind Beruf, Haushalt, Kindererziehung, gesellschaftliches Engagement usw. wichtige Elemente des Lebens. Sie dürfen aber nicht einziger Lebensinhalt werden. Als eheliche Menschen sollten wir uns aber der Beziehungen zum Partner in jenem Maße annehmen, die sie benötigen, um lebendig zu bleiben. Sie sind es, die uns letztlich tragen. Je besser und tragfähiger die Beziehung zu meinem Partner ist, umso besser kann ich mich gegenüber Streßsituationen, die von außen auf mich zukommen, wehren. Solche Situationen gibt es jeden Tag, im Geschäft, zu Hause, in der Schule, wo immer Sie wollen.

Ein junges Ehepaar kam zu mir, weil die beiden Partner einander nicht mehr verstanden. *Sie* beklagte sich über mangelnde Unterstützung durch den Mann. *Er* beschwerte sich, daß seine Frau nie selbständig handle, sondern die Verantwortung für alles immer auf ihn schiebe. Eine nähere Betrachtung ergab folgendes: In einem schlecht isolierten Mehrfamilienhaus bewohnt das junge Paar zusammen mit ihren dreijährigen Zwillingen die mittlere Wohnung. Im Parterre wohnt der Hausbesitzer und im zweiten Stock ein älteres Ehepaar. Die Zwillinge halten die Mutter den ganzen Tag in Trab. Sie klagt, daß sie schließlich nur zwei Hände zum Aufräumen und Aufpassen habe. Über Mittag reklamiert (und zwar chronisch) das ältere Ehepaar, das sich durch die spielenden Kinder in der Mittagsruhe gestört fühlt. Kaum ist die Mutter im Garten, reißt der Hausmeister die Fenster auf und beschwert sich über die abgeknickten Tulpen und zertretenen Gemüsebeete. Mehrmals droht er ihr mit der Kündigung. Aufgrund der prekären finanziellen Verhältnisse glaubt die junge Familie hingegen, auf diese Wohnung angewiesen zu sein. Abends klagt die junge Frau oft total erschöpft dem Mann ihr Leid. Ihr Mann ist gar nicht gewillt, sich abends beim Hausmeister zu entschuldigen und den erlittenen Schaden materiell zu begleichen. Seiner Frau hält er vor, daß sie zuwenig auf die Kinder aufpasse. Zudem sei sie alt genug, sich selbst beim Hausbesitzer zu entschuldigen. Er habe schließlich im Geschäft auch niemanden, der für ihn die eingebrockte Suppe ausesse!

Die andauernde Drucksituation der näheren Umgebung auf die Frau ließ sie völlig handlungsunfähig werden. Sie fühlte sich dem Hausmeister und dem älteren Ehepaar (die sich beide sehr gut verstanden) total ausgeliefert. Das junge Paar konnte mit diesem Druck von außen nicht mehr fertig werden. Sie begannen, ihre Beziehung zusätzlich mit gegenseitigen Vorwürfen zu belasten. Jedes wollte dadurch den Partner auf seine hoffnungslose Situation aufmerksam machen, erreichte aber das Gegenteil. Schlußendlich fühlten sich beide unverstanden. Ist die Ehe das Ventil für unbewältigte Streß- und Drucksituationen?

Fragen zum Nachdenken

- Wann habe ich mit meinem Partner das letzte Mal über das gesprochen, was uns beide bedrängt und bedrückt?
- Weiß mein Partner, woran ich Freude habe und was mich beglückt?
- Suchen wir gemeinsam nach Lösungen oder überlassen wir solche Momente dem Zufall oder dem Partner?
- Was habe ich bis heute erreicht? Hat es sich gelohnt? Möchte ich so weiterfahren?
- Verstehe ich die Anliegen meines Partners?
- Was habe ich zur heutigen ehelichen Situation beigetragen?

Wenn wir die Ehe in unserem Leben auf ein Nebengeleise stellen, so kommt es unweigerlich zu Frustrationen, Mißverständnissen, Beleidigungen, Konflikten, vielleicht sogar zu Trennung und Scheidung. Wir können nicht einfach den Streß und die Hektik unserer Zeit dafür verantwortlich machen. Wir selber sind es, die dafür zur Verantwortung gezogen werden müssen. Wir wollen die Grenzen, die uns gesteckt sind, nicht akzeptieren. Wir wollen unseren Rahmen sprengen. Beide, Mann und Frau, zeichnen für diese Entwicklung verantwortlich. Keiner kann dem andern die Schuld einfach zuschieben. Beide müssen das Ihrige dazu beitragen, daß aus einem Nebeneinander auch wieder ein Miteinander werden kann und Mißverständnisse überwunden werden. Es ist keine Schande, Eheprobleme zu haben (die haben wir alle), aber es ist eine Schande, sie nicht lösen zu wollen.

Vielleicht denken Sie nun, ich hätte in Schwarzmalerei gemacht. Es gäbe noch viele gute Ehen. Dem ist sicher so. Aber wieso soll aus einer guten Ehe nicht eine noch bessere gemacht werden? Zudem dürfen wir die Tatsache nicht einfach verdrängen, daß manche Ehen von außen zwar recht gut funktionieren, letztlich aber nicht mehr lebendig sind. Die Frau seufzt und stöhnt, wenn ihr Mann an seinem freien Tag ihre tägliche Routine stört. Von Haushaltsarbeiten versteht er ja ohnehin nichts. Der Mann seinerseits setzt sich nach einem langen Arbeitstag lieber hinter die Zeitung oder vor den Fernseher, als sich der Frau und den Kindern zu widmen. Stimmt's? Oder sind Ihnen solche Situationen fremd? Wohl kaum, denn wir «gestreßte» Menschen sitzen oft recht müde und teilnahmslos in unserem Eheschiff, überlassen das Ruder dem Zufall und hoffen, daß das Boot trotz allem nicht kentert.

Auf Distanz gehen?

Eine gestreßte Ehe, das heißt die Auswirkungen einer gestreßten Ehe, sind für mich höchste Alarmzeichen einer beginnenden Fehlentwicklung. In der Regel registriert einer der beiden Ehegatten, daß «etwas nicht mehr stimmt». Es wird nämlich registriert, daß der Kontakt zwischen Mann und Frau sich auf ein dürftiges Minimum beschränkt. Man bespricht nur noch das Nötigste. Viele Frauen, und es trifft sie ja auch vorwiegend, beginnen dann, Entscheidungen selber zu treffen. Und damit es am Abend keine unnötigen Diskussionen gibt, werden die Entscheidungen selbstverständlich für sich behalten. Der Partner wird damit sukzessive vom allgemeinen Familienleben ausgeklammert. Man ermöglicht ihm nachgeradezu eine schleichende Entfremdung. Sobald nun aber der Partner merkt, daß gewisse Entscheidungen ohne sein Wissen getroffen wurden, macht er genau das, was man eigentlich verhindern wollte: er schlägt Krach! Mit Recht, möchte ich sagen, fühlt er sich hintergangen und ausgeklammert.

Lesen Sie dazu das folgende krasse Beispiel: Ein recht erfolgreicher Besitzer eines Kleinbetriebes (aus dem Nichts aufgebaut) schenkt seiner Frau zu Weihnachten ein sehr teures und exklusives Perlencollier. Die Frau, alles andere als in freudiger Stimmung, nimmt es mehr oder weniger höflich und distanziert dankend entgegen. Der Mann sollte spüren, daß es ihr nicht so recht gefiel. Nun gut. Einige Monate später merkt er, daß er vom Juwelier die verlangte Garantieerklärung noch nicht erhalten hat. Mit einer rechten Portion Unlust rafft er sich auf und geht zu ihm, um die versprochene Garantiekarte zu holen. Umständlich und unklar versucht nun der Juwelier, sich aus seiner mißlichen Lage herauszuschwatzen. Nicht etwa, daß er unechte Perlen verkauft hätte – oh nein. Seine mißliche Lage besteht vielmehr darin, daß die Frau kurz nach Weihnachten mit dem Schmuck ins besagte Geschäft marschiert ist und vom Juwelier mit der Bitte um absolutes Stillschweigen verlangt hat, daß das zweireihige Perlencollier in ein einreihiges abgeändert und dafür zusätzlich ein Perlenarmband angefertigt werden sollte. Der Juwelier hat der Klientin gegenüber versprochen, daß er dem Mann nichts sage, und dem Mann konnte er die Garantiekarte nicht ausfüllen, weil er entscheidende Änderungen vornehmen sollte. Schlußendlich bleibt dem Goldschmied nichts anderes übrig, als dem Mann reinen Wein einzuschenken. Über die Reaktionen des Mannes möchte ich mich an dieser Stelle lieber nicht näher äußern.

Die Frau hat versucht, aus Angst vor einer ungehaltenen Reaktion ihres Mannes, das Perlencollier hinter seinem Rücken abändern zu lassen. Sie konnte ihrem Mann ihre persönlichen Wünsche nicht mitteilen. Mit ihrer Handlungsweise hat sie aber gerade das provoziert, was sie eigentlich verhindern wollte: Streit. Ihr Streßmerkmal: keine Zeit füreinander.

Entscheidungen, Geheimnisse, überhaupt alles, was nicht im gegenseitigen Einverständnis unternommen wird, kommt früher oder später aus. Sie verhelfen aber keineswegs zu einer besseren ehelichen Stimmung. Vielmehr tragen sie dazu bei, der Entfremdung einen Schritt weiterzuhelfen.

Ich möchte nachfolgend noch eine weitere Form von Ehestreß beschreiben, die sich weder auf Äußerlichkeiten noch auf Sachen bezieht.

Aufgaben

- Besprechen Sie zusammen mit Ihrem Partner den Inhalt Ihrer Freizeit.
- Informieren Sie offen und ehrlich.
- Nehmen Sie sich Zeit füreinander.
- Achten Sie auf die Anliegen Ihres Partners und nehmen Sie sie ernst.
- Suchen Sie gemeinsam nach Lösungen.

Ein älterer Mann beginnt während der Therapiestunde zu schnupfen und zu weinen. Immer wieder bringt er zum Ausdruck, daß er sich von seiner Frau nicht verstanden fühlt. Er verlange ja wirklich nicht viel von seiner Frau, wünsche aber, daß sie ihm mehr entgegenkomme, als sie bis jetzt getan habe. Sein jämmerlich-weinender Ton kann tatsächlich Mitleid erwecken. Untersucht man aber seine konkreten Forderungen, so merkt man bald, daß er im Grunde genommen gar nicht bereit ist, seine Beziehung zu seiner Frau grundlegend zu verändern. Vielmehr versucht er, auf diese Art seine Frau massiv unter Druck zu setzen und sie ihm gegenüber bedingungslos gefügig zu machen. Hinter seiner vorgeschobenen, tränenaufgeweichten Schwäche, steckt eine massive Stärke, der sich die Frau nicht zu widersetzen vermag.

An sich operieren nur wenig Männer mit Tränen. Aber es gibt enorm viele Frauen, die ihre Tränen für ganz bestimmte Ziele einsetzen. Ob sie es bewußt machen oder nicht, das möchte ich an dieser Stelle nicht näher untersuchen. Der Partner seinerseits wird so oder so in einen enormen Streß manövriert. Gegen Tränen kann er sich einfach nicht wehren. Oft fühlt sich der Partner maßlos überfordert. Aus dieser Hilflosigkeit heraus reagiert er entweder aggressiv oder unterzieht sich bedingungslos dem vorgespielten Schmerz. Paßt er sich der Situation an und unterzieht er sich den Forderungen, so ist das alte Ehegefüge wieder hergestellt. Die Tränen haben ihre Wirkung getan.

Wir kennen die Tränen, die echte Verzweiflung, Not, Leid und Unglück zum Ausdruck bringen. Diese Tränen meine ich nicht. Ich meine jene, die nichts anderes sind, als ein perfides Hilfsmittel, um den Partner in Schach zu halten. Mit Tränen wird Schwäche vorgespielt, aber Stärke gelebt.

4. Meine drei Gesichter

In meinem Büro steht auf dem Pult eine Handpuppe, die mir meine Frau auf meinen letzten Geburtstag gebastelt hat. Es ist ein Clown, ein immer fröhlicher, lächelnder, gutmütig und liebevoll die Welt bewundernder Clown. Sein Gesicht gefällt mir. Es ist immer gleich und spricht mich unheimlich an. Er schaut mich an, als ob er mir sagen möchte, daß es ihm auf der Welt gefalle. Neulich habe ich ihn aber auch traurig gesehen. Mir war, als ob er weinte. Je länger ich ihn beobachtete, desto mehr gewann ich den Eindruck, daß er gar nicht immer fröhlich und lustig wirkt. Ich beobachtete, wie er nachdenklich vor sich hin schaute. «Stupsi», fragte ich ihn (so heißt er wegen seiner runden roten Nase), «was ist denn heute los mit dir?» Er gab mir keine Antwort. Aus seinem Gesichtsausdruck vernahm ich hingegen, daß es ihm an diesem Tag offenbar nicht gut ging. Irgend etwas mußte ihn plagen. Ich spürte deutlich, daß er heute nicht der alte Stupsi war. Er war aus seiner Rolle, die ihm meine Frau und ich gegeben haben, ausgestiegen. Es schien mir, als sei er sich selber geworden.

Die Aufgabe eines Clowns besteht ja darin, andere Menschen zum Lachen zu bringen. So jedenfalls sehe ich den typischen Clown in der Zirkusmanege. Seine Späße, Sprüche und Streiche versetzen das ganze Zirkuszelt in eine euphorische Hochstimmung. Schallender Applaus umhüllt seine Vorstellung. Haben Sie auch schon das Gesicht eines ungeschminkten Clowns gesehen? Charly Rivel, der König aller Clowns, hat in einem amerikanischen Fernsehinterview sehr offenherzig auch von der Kehrseite seines Clowngesichtes berichtet. Er gab unumwunden zu, daß er oft recht schwere depressive Phasen durchgemacht habe. Es gab Zeiten, da hätte er in der Manege lieber geweint als gelacht. Und als er weinte, bejubelten ihn die Zuschauer noch mehr. Er konnte nicht mehr aus seiner Rolle, die er übernommen hatte, aussteigen. Sie blieb an ihm haften. Je älter Charly Rivel geworden ist, umso subtiler und feinfühliger wurden seine Ausdrucksformen. Die letzte Fernsehaufzeichnung, die ich von ihm sah, zeigte einen 80-jährigen Clown, der nur noch mit seiner Gestik und Mimik operierte und eine unheimliche

Ausstrahlungskraft besaß. Er teilte dabei mit, daß jedes Leben einmal ein Ende nimmt. Sein Anliegen war es, das Leben echt zu leben, wirklich zu leben, zu sich zu finden.

Zugegeben, wir alle haben ein Sonntags- und ein Werktagsgesicht. Wir brauchen keine speziellen Rollen zu übernehmen. Auch die Nachbarin hat zwei Gesichter. Sie ist freundlich und nett, wenn sie *mit* uns spricht, böse und hässig aber, wenn sie mit andern *über* uns spricht. Oder der Arbeitskollege versteht es glänzend, vor dem Chef mit einem geschliffenen Lächeln zu stehen und hinter dessen Rücken eine verächtliche und erniedrigende Miene zu machen. Also gut, zwei Gesichter mag es geben, aber drei? Wie ich die Sache aber auch betrachte, ich komme immer wieder auf drei Gesichter.

Das erste Gesicht zeigt den, für den ich mich selber halte. Das zweite Gesicht zeigt den, für den die andern mich halten. Das dritte Gesicht zeigt den, der ich wirklich bin. Mit diesen drei Gesichtern müssen ich, meine Umwelt und vor allem mein Ehepartner, fertig werden. Dies ist gar nicht immer leicht. Und deshalb meine ich, daß es Ihnen gut täte, sich einmal mit dieser Dreigesichtigkeit auseinanderzusetzen.

«Ich bin nun einmal so!»

Mit einem Achselzucken und der dummen Entschuldigung «Ich bin nun halt einmal so» beenden wir doch oft unangenehme Situationen. Meistens will uns dabei jemand auf einen Fehler aufmerksam machen. Unser Verhalten hat zu Kritik Anlaß gegeben. In vielen Fällen werden kritische Äußerungen sofort abgelehnt. Sie finden in unserem Konzept, das wir uns im stillen Kämmerlein fein säuberlich zurechtgelegt haben, keinen Platz. Jeder hat von sich ein festes Bild. Ein Klient hat mir während einer Therapiesitzung einmal spontan gesagt: «Wenn ich von mir eine Statue anfertigen müßte, so würde ich einen großen General, auf einem Pferd sitzend, aus Granit meißeln lassen.» Er war aber gewöhnlicher Soldat. Dieser Mann hat versucht, seine Position, die er zu haben glaubte, anhand dieses Bildes zu schildern. Sein Tun und Handeln hat sich auch entsprechend gezeigt. Als es darum ging, ein Gespräch mit ihm und seiner Frau zusammen zu arrangieren, verkündete er lautstark: «In

Sachen Termine muß ich Sie (damit meinte er mich) leider bitten, sich nach meiner Agenda zu richten. Sie können Ihre Termine sicher leichter verschieben als ich die meinen.» Noch im Verlaufe dieser Termindiskussion stellte sich heraus, daß er wohl als Handlungsbevollmächtigter eine bestimmte Position bekleidet, in seiner Funktion aber lediglich für den Einkauf von Büromaterial zuständig ist. Oder ich denke an eine Frau, die sich wahnsinnig über eine Parkbuße geärgert hat. Sie rief auf der Straße dem Polizisten zu: «Wieso haben Sie ausgerechnet mir, die ich doch Frau Kantonsrat Sowieso bin, eine Parkbuße aufgebrummt? Ich finde das eine Gemeinheit.» Sicher finden Sie ähnliche Beispiele, vielleicht sogar bei Ihnen selber. Beispiele, bei denen eindeutig mit zwei Ellen gemessen wird. Wir haben doch alle die Tendenz, die eigenen Fehler zu verniedlichen. Sie wiegen bestimmt nicht schwer, versuchen wir uns einzureden. Unsere Verdienste hingegen, *die* wissen wir zu würdigen. Mein General (siehe Beispiel oben) erklärte mir auch selbstherrlich: «Wissen Sie, wenn nicht immer *ich* eingerenkt hätte, so wären wir schon lange geschiedene Leute.»

Wie verhalten wir uns eigentlich den andern, speziell dem Partner, gegenüber? Ist es hier nicht gerade umgekehrt? Zählen seine Fehler, auch wenn sie vielleicht ganz unbedeutend sind, nicht viel schwerer als die unsrigen? Ein Ausrutscher kann doch passieren, denken wir über uns. Und beim Partner, darf er dort auch passieren? Und wie steht es um die Verdienste?

Franz von Sales, Bischof von Genf und Savoyen, schrieb dereinst: «Den Nächsten klagen wir wegen Kleinigkeiten an, doch für uns selbst haben wir auch bei großen Dingen Entschuldigungen bereit. Wir wollen mit großem Gewinn verkaufen und drücken beim Einkauf die Preise. In den Häusern der andern soll Gerechtigkeit, bei uns Barmherzigkeit regieren. Die andern müssen etwas aushalten können, wir leisten uns Empfindlichkeit. Einen Fehler kann ein Untergebener bei uns schwer gut machen; ist uns hingegen jemand sympathisch, so verzeihen wir ihm alles. Unsere Rechte setzen wir entschlossen durch, die andern sollen etwas diskreter sein. Etwas für die andern tun, halten wir für Heldentum, ihre Hilfe erscheint uns selbstverständlich.»

Sogar in der Ehe messen wir mit verschiedenen Ellen. Was *wir* leisten, das soll der Partner gebührend würdigen. Was *er* tut, gehört hingegen zu seinen Pflichten. Für unsere Fehler hat *er* Verständnis aufzubringen. *Wir* nehmen uns hingegen das Recht, uns über seine Verfehlungen entsetzlich zu ärgern. Oder eine Frau denkt: «Ich bin ihm eine so gute Ehefrau. Wenn es bei uns nicht klappt, dann muß *er* schuld sein.» Er ist wiederum der Ansicht: «Immer meckert sie an mir herum. Dabei kann sie froh sein, einen Mann wie *mich* zu haben.»

Fragen zum Nachdenken

- Warum eigentlich fällt es mir so schwer, bei Schwierigkeiten den Fehler auch bei mir zu suchen?
- Muß ich mich besser fühlen als die andern, besser als mein Partner?
- Warum nur soll der Partner bei mir beide Augen zudrücken, während ich die meinen bei seiner Beurteilung weit offen lasse?
- Bin ich selbst im Innersten so unsicher, daß ich dies überspielen und mich selber für unfehlbar halten muß?

«Mir geht es glänzend!»

Sie kennen die übliche Begrüßungsszene. Frage: «Wie geht's?» Antwort: «Gut, glänzend.» Selbst dann, wenn ich mich hundsmiserabel fühle. Was soll der andere wissen, wie es um mich steht. Die Fassade muß stimmen.

So leben wir alle mit einer Maske, die unser zweites Gesicht geworden ist. Wir haben gelernt, wie man es macht, unsere Schwächen und Fehler zuzudecken und die wahren Gefühle zu verbergen. Wir lächeln verbindlich, aber das Lächeln ist nicht echt. Wir legen Sicherheit an den Tag, aber in Wirklichkeit spielen wir Theater. Wir tun so, als fiele uns alles in den Schoß, als irrten wir niemals, als hätten wir weder Sehnsüchte noch Heimweh. Mit unserer Fassade versuchen wir, die andern zu überlisten, uns in ein besseres Licht zu stellen. Vor längerer Zeit traf ich eine Frau auf der Straße; ich kannte sie von einem Vortragsabend her. Nach dem

Begrüßungsgespräch fragte ich sie, wie es ihr denn so gehe. «Ausgezeichnet», war ihre Antwort. «Mein Mann weilt gerade für einige Tage in Deutschland. Am Samstag wird er zurück sein. Dann fahren wir für ein paar Tage in die Berge, ohne Kinder. Wissen Sie, hin und wieder mal gemeinsam ausspannen ist die einzig richtige Medizin für eine Ehe.» Hoppla, dachte ich, das ist ja wunderbar. Diese Ehe gleicht offenbar einem Musterbeispiel. Mit einer tiefen Beruhigung, daß nicht alle Ehen schieflaufen, ging ich meinen Weg. Monate später erhielt ich von der gleichen Frau einen Anruf. Sie bat mich um eine Besprechung, denn sie habe einige Fragen erzieherischer Natur. Als wir uns dann in meinem Büro trafen, erinnerten wir uns an unser erstes Gespräch. Sie begann sogleich von den Problemen und Schwierigkeiten mit ihren Kindern zu erzählen. Ich merkte gleich, daß diese Probleme nur im Zusammenhang mit einer unglücklichen Ehe stehen können. Einige wenige Fragen meinerseits brachten denn auch das ganze Kartenhaus zum Zusammenbrechen. Immer wieder hatte die Frau nach außen ihre Ehefassade aufpoliert, hatte sie die glückliche Ehefrau gespielt, um so bei sich und vor den andern die Schwierigkeiten, mit denen sie zu kämpfen hatte, zu verdrängen. Wer gibt schon gerne zu, vor einem Scherbenhaufen zu stehen? Wir könnten auch weniger extreme Beispiele aufzählen. Banale Beispiele aus dem Alltag. Da kommt ein Mann nach Hause, müde nach einem langen Arbeitstag. Und schon entwickelt die Frau eine übertriebene Geschäftigkeit. Schließlich soll er wissen, wie tüchtig sie ist. Oder: Der Mann, gewöhnlich ein notorischer Nörgler und Schweiger, schlüpft, sobald ein Außenstehender die Wohnung betritt, in die Rolle des glänzenden Unterhalters und Gentlemans. Alle sollen zur Kenntnis nehmen, was für positive Eigenschaften in ihm stecken, wie glücklich sich seine Frau schätzen kann, ihn als Mann zu haben. Auch hier, wie beim ersten Gesicht, möchte ich Ihnen wiederum einige Fragen zum Nachdenken geben.

Fragen zum Nachdenken

- Warum verhalte ich mich so?
- Warum spiele ich diese Rollen und verstecke mich hinter Masken?
- Kann ich vor den andern nicht zu meinen Fehlern stehen?
- Ist es so schwer, mich selber zu sein, mein wahres Gesicht zu zeigen?

«Wer bin ich eigentlich?»

Eine griechische Weisheit besagt: «Allwärts klagt der Mensch Natur und Schicksal an, und sein Schicksal ist doch in der Regel nur der Nachklang seines Charakters, seiner Leidenschaften, Fehler und Schwächen.» Ein wahrhaft ehrliches Wort. Doch was besagt es für unsere konkrete Situation? Stellen wir uns vor, ein Ehepaar sitzt sich am Frühstückstisch gegenüber. Sie ungeschminkt und kaum frisiert. Er schlaftrunken und unrasiert. Beide schauen sich mürrisch an und fragen sich insgeheim: Ist das wirklich der Mensch, den ich geheiratet habe? Wo ist die junge, hübsche Frau geblieben, die immer mit strahlenden Augen lächelte? Wo der rassige, initiative Mann, der so galant und zuvorkommend war? Der Verputz – die Täuschung (siehe 1. Kapitel) – ist von beiden abgefallen. Zurückgeblieben ist das «rauhe Backsteingebilde», die Wirklichkeit. Was kann sie, was kann er damit anfangen? Dies ist für jedes Paar eine ganz entscheidende Frage. Denn jede Ehe ist eine Kette von Enttäuschungen, die durchgestanden werden müssen. Viele dieser Enttäuschungen führen auch hin zur totalen Krise. Lesen Sie dazu, was eine junge Kindergärtnerin dabei erlebt hat:

«Sie, die Krise, kommt nicht plötzlich – sie bahnt sich an. Schleichend, nicht erkennbar zuerst. Eine Tagebuchnotiz vom Januar – ein halbes Jahr vor dem eigentlichen Ausbruch – weist darauf hin: ‹Lebensangst – immer wieder diese fürchterliche Angst. Ohne Anlaß. Einfach so. Angst. Warum?› Dieses Angstgefühl begleitet mich seit meiner Kindheit. Angst, zu versagen. Angst, Erwartungen nicht zu erfüllen. Angst, nicht akzeptiert zu sein. Diese Angst muß schon ganz früh entstanden sein. Durch die Haltung meiner Eltern? Ich erinnere mich an Leitsätze meiner Eltern: ‹Man versagt nicht. Man kann alles, wenn man will. Was sagen die Leute, wenn du dich nicht so verhältst, wie man es von dir erwartet!› Diese Angst hat mich zu Höchstleistungen gebracht.

Perfekt mußte es sein. Und es war perfekt. Das jedenfalls, was mit Intelligenz, d. h. Kopf, zu lösen war. Daß es nach der Patentlektion hieß, Leistung und Fleiß seien zwar mit der besten Note auszuzeichnen, wegen mangelnder Herzlichkeit (das heißt Beziehung zum Kind) müsse man mir eine Note abziehen, bedeutete mir nicht Warnzeichen, sondern ich empfand es als Sturheit der Experten und ging darüber hinweg. Und doch – innerlich nagte der Wurm: Ich hatte versagt. Und die Angst zu versagen begleitete mich die nächsten 12 Jahre. Das Bild von mir war geprägt: Nur wenn ich perfekt bin, werde ich akzeptiert. Ich habe aber irre Schwächen. Ich habe sie nie akzeptieren können. Habe sie überspielt. Habe mich selber nie akzeptiert. Wollte dem Bild entsprechen. Ich wurde eine ‹gute› Kindergärtnerin. Und zitterte tagelang vor jedem Besuchstag, jedem Praktikum, jedem Examen. Angst. Jede zwischenmenschliche Beziehung war von dieser Angst begleitet. Und jede Begegnung war davon geprägt. Viele Beziehungen gingen in Brüche. Und jedesmal war das die Bestätigung: Ich habe versagt. Die Ehe war für mich eine Erlösung. Endlich – ich bin akzeptiert. Diesmal versage ich nicht. Und es wurde eine Bilderbuch-Ehe. Nie Streit. Nie Differenzen. ‹Wie lieb die zueinander sind! Wie zärtlich! Wie glücklich!› Ich wollte perfekt glücklich sein. Sah immer noch nicht, daß es das gar nicht gibt. Ich habe meine Identität aufgegeben, um dieses Bild des Glückes nicht zu zerstören. Und dann kam die Krise!»

Dieses offenherzige Bekenntnis zeigt unmißverständlich, daß der Weg zu sich selber ein harter und in der Wirklichkeit unbarmherziger Weg ist. Er führt über alle Stationen oder eben Gesichter. Aber er führt zu jenem Gesicht, zu dem er zwangsweise hinführen muß, nämlich zum Gesicht, das jenen Menschen zeigt, der wirklich dahintersteckt.

Die Verliebtheit, die uns im andern ein Ideal, ein Wunschbild sehen läßt, muß zur Liebe werden, die den Partner so annimmt, wie er ist. Wir alle

sind – um mit Claudel zu sprechen – «als Mensch ein nie eingelöstes Versprechen». Josef Duss-von Werdt schreibt dazu: «Immer sind wir *mehr* oder *weniger*, als unsere Mitmenschen, auch der eheliche Mitmensch, uns einschätzen. Bewußt oder ohne es zu wollen, machen wir ihm etwas vor, oder er lebt mit einem Bild von uns, mit dem unsere Wirklichkeit sich nur teilweise deckt. Die Differenzen werden ihm eines Tages erkennbar, und er wird eine Enttäuschung erfahren, also eine Täuschung loswerden. Hat er nur das vortäuschende Bild liebgewonnen, wird es ihn schmerzen. Es beschleichen ihn unter Umständen sogar Zweifel. Möglicherweise – und für Betroffene hoffentlich – ist er aber angenehm überrascht. In jedem Fall hat er sich mit der neuentdeckten Wirklichkeit seines Partners irgendwie zu arrangieren. Geben wir uns nicht verkrampft immer von der ‹besten Seite›, sondern so, wie wir sind. Sein ist aber beim Menschen ein großes Wort. In Wirklichkeit wird er immer. Keiner weiß genau, wohin er sich entwickelt. Wie sollte es dann sein Nächster wissen? Einander umkrempeln und nach dem eigenen Maß modellieren, ist ein hoffnungsloses Unterfangen. Das ist die Liebe, die Fähigkeit und Bereitschaft, die Geliebte und den Geliebten in der Ehe so anzunehmen und zu umfangen, wie er (sie) ist und wird.» (Duss/Hauser, Das Buch von Liebe und Ehe, Walter Verlag, Olten 1970.)
Diese Fähigkeit zu wirklicher Liebe setzt aber voraus, daß wir zu unseren Grenzen stehen, die uns gezogen sind. Kurz: Wir müssen unser wirkliches Gesicht akzeptieren lernen, um für den Partner wirklich zu werden und auch seine Wirklichkeit anzunehmen. In diesem Sinn sind Enttäuschungen zwar schmerzhaft, aber heilsam. Sie fordern uns nämlich heraus, unsere Masken und unsere Illusionen fallenzulassen, mit unserem wahren Gesicht auf den Partner einzugehen.
Sich selber finden heißt, sich selber suchen. Wenn wir uns verändern wollen, so müssen wir zuerst wissen, wo wir was verändern wollen. Deshalb müssen wir auch wissen, wer wir überhaupt sind. Und wenn wir dies wissen, wenn wir uns so annehmen können, wie wir sind, dann vermögen wir auch unseren Partner anzunehmen. Versuchen Sie doch einmal, Ihre Handlungsweise etwas unter die Lupe zu nehmen. Fragen Sie sich, warum Sie so gehandelt haben. Wollten Sie Ihre Position unbedingt verteidigen? Weshalb? Waren Sie dabei ganz sich selber? Haben Sie sich in eine Rolle hineingeschoben oder -schieben lassen, in der die andern Sie sehen wollen?

Aufgaben

- Setzen Sie sich hin, nehmen sie ein Blatt Papier und unterteilen Sie es in zwei Hälften.
  a) Auf der linken Seite des Blattes schreiben Sie zehn Ihrer positiven Eigenschaften auf.
  b) Auf der rechten Seite notieren Sie zehn Ihrer negativen Eigenschaften, die Sie gerne ändern möchten.
- Sie und Ihr Partner besprechen gemeinsam die positiven und negativen Punkte, wobei Sie vereinbaren, daß jeder in der nächsten Woche versucht, einen negativen Punkt zu bekämpfen.
- Beachten Sie die positiven Eigenschaften Ihres Partners und versuchen Sie diese zu fördern.
- Setzen Sie sich Ende Woche wieder zusammen und beraten Sie über Erfolg/Mißerfolg dieser Übung. Probieren Sie auch andere Lösungsmöglichkeiten aus.

5. Die Rolle der Frau und die Rolle des Mannes

Offene Ehe, freie Liebe, Emanzipation, Freiheit, Unabhängigkeit, so und ähnlich lauten die Schlagworte, die wir heute immer wieder hören und lesen können. Vor allem schreien die breiten Massen der Frauenzeitschriften ein unüberhörbares Emanzipationslied. Sie verunsichern und stellen die Institution Ehe ins Schußfeld breiter Kritik. Trotz der Unannehmbarkeiten, die sie verbreiten, fordern sie uns heraus, unsere eigene Ehe, die Art, wie wir sie leben, wir wir unser gegenseitiges Verhältnis gestalten, in aller Offenheit zu hinterfragen. Diese Herausforderung ist unbequem. Und doch müssen wir sie annehmen, wollen wir nicht riskieren, unsere Ehe einem erbärmlichen Positionskampf zu opfern.

Ich bin der Meinung, daß die Ehe auch heute noch schön und beglükkend sein kann, wenn bestimmte Voraussetzungen gegeben sind, die immer wieder überprüft, neu angepaßt und neu besprochen werden. Es sind dies: der Wille zu einem partnerschaftlichen Miteinander und die Bemühungen um ein kontinuierliches eheliches Gespräch.

Haustyrann oder...

Nicht alle Ehen leben aber nach diesen Prinzipien, wie nachfolgendes Beispiel zeigt: Zur Zeit kommt jede Woche eine Familie mit zwei Kindern (12- und 14-jährig) zu mir in die Therapie. Der Mann, engstirnig und herrschsüchtig, verlangt von der ganzen Familie, daß sie sich seinem Willen ohne Murren unterzieht. Selbstverständlich gelten seine Anweisungen im gleichen Ausmaß für die Ehefrau wie für die Kinder. Seine Tyrannei geht so weit, daß er vorschreibt, wie heiß (in Graden gemessen!) die Suppe sein darf, wenn sie auf den Tisch kommt. Der Tochter verbot er den Besuch des Gymnasiums, der Sohn wird streng in Zucht genommen, damit er ein ganzer Mann wird. Mutter und Kinder versuchten, sich gemeinsam zur Wehr zu setzen. Mit einigen Zitaten gelang dem Mann jeweils, diese Tendenzen im Keime zu ersticken. Er brauchte dazu das Schweizerische Zivilgesetzbuch, in dem steht: «Der Ehemann ist das Haupt der Gemeinschaft» (ZGB, Art. 160, Abs. 1). Und um seine «Rechte» noch zu untermauern, verwies er (schließlich ist er ja ein guter Christ) gleich auch noch auf die Bibel: «Die Frauen seien ihren Männern untertan wie dem Herrn» (Epheser 5,22) und «Ihr Kinder, gehorcht euren Eltern im Herrn; denn es ist geziemend. Ehre deinen Vater und deine Mutter» (Epheser 6,1–2). Unter diesen Voraussetzungen hat ein junger, in Ehesachen unerfahrener Jurist, der Frau empfohlen, sich der Tyrannei zu entziehen. Sie müsse sich dem Manne gegenüber emanzipieren. Er hat ihr geraten, in Zukunft nicht mehr auf den Mann zu hören, sondern so zu handeln, wie sie es für gut finde. Gesagt, getan – aber nicht lange. Kaum hatte der Mann diese Entwicklungstendenz wahrgenommen, begann er, härtere Formen anzuwenden. Vorerst blieb es bei Drohungen. Der Jurist unterstützte die Frau mit geharnischten Briefen, die den Mann zurechtweisen sollten. Nach dem zweiten Brief mußte die Frau notfallmäßig hospitalisiert werden, weil sie geschlagen wurde. Erst durch lange seelsorgerliche Gespräche gelang es einem Pfarrer, den Mann von der Notwendigkeit einer Therapie zu überzeugen.

Ein Extremfall? Gewiß. Aber in manchem Mann lebt etwas von der alten patriarchalischen Haltung weiter, noch viele sehen in ihrer Frau eine «Dienerin», in den Kindern ihre Untergebenen. Selbst wenn sie sich dies nicht offen eingestehen und als fortschrittlich gelten wollen. «Sie haben es ja gut bei mir. Ich bringe Geld heim. Schließlich bin ich ja derjenige, der arbeitet. Sie soll den Haushalt besorgen und die Kinder erziehen. Der Herr im Hause aber bin ich...» Auf diesem Hintergrund lassen sich manche feministischen Tendenzen sehr wohl erklären. Die Frage stellt sich nur, ob sich eine Veränderung der Position im Sinne eines Kampfes lohnt. Wir dürfen aber unsere Optik nicht nur auf den männlichen Haustyrannen einstellen. Es gibt auch Männer, die unter der Fuchtel ihrer Frauen stehen! Es sollen ihrer nicht wenige sein.

... Hausdrache?

Ein älteres, über 60-jähriges Ehepaar, Inhaber eines Kleinbetriebs, lebt in einem ständigen Streit. Beide werfen einander vor, unterdrückt zu werden. Beim ersten gemeinsamen Gespräch stellt sich heraus, daß der Mann jahrelang bedingungslos nach den Einfällen und Befehlen der Frau gehandelt hat. Dieser Rolle nun überdrüssig geworden, will er sich gegen die neuerliche Idee seiner Frau mit allen Mitteln wehren. Seine Frau will nach Neuseeland auswandern. Sie verlangt von ihm, daß er den Betrieb, den er 35 Jahre lang aufgebaut hat, verkauft und zusammen mit ihr die Koffer packt. Heute wird ihm bewußt, daß er sein Leben lang nur nach dem Willen seiner Frau gehandelt hat. An viele Momente erinnert er sich, die ihm heute noch zu schaffen machen. So hat er die Beziehung zu seinem Freund abgebrochen, weil dieser sich unhöflich benommen habe. Alle Beziehungen wurden schrittweise von der Frau kontrolliert. Einladungen durfte er ohne vorherige Absprache mit der Frau nicht machen. Selbst im geschäftlichen Bereich hat sie ihren Einfluß durchgesetzt. Sie bespricht sich mit dem Buchhalter über den Verlauf des Geschäftes. Sie vereinbart die Termine mit dem Steuersekretär und allen, die geschäftlich mit ihrem Mann zu tun haben. Ihr Mann hat sich nach dem Terminplan, den er von seiner Frau vordiktiert bekommt, völlig zu richten, ob es ihm paßt oder nicht. Heute versucht er in letzter Verzweiflung noch zu retten, was er kann: sich selber. Er nimmt dabei auch in Kauf, daß er von seiner Frau mit allen erdenklichen Mitteln schikaniert wird. Er nimmt sogar eine Scheidung in Kauf.

Hinter vielen Wohnungstüren lebt manche Frau eine «Hausdrachenrolle». Vielleicht hält sie ihren Eheliebsten mit Samthandschuhen im Griff, vielleicht macht sie ihn klein, wo immer sie kann. Vielleicht aber mimt sie auch das hilfsbedürftige, unselbständige Weibchen, um den Mann möglichst an sich zu binden. Zwar kommen die bösen Ehefrauen, die mit dem Wallholz hinter der Tür dem Spätheimkehrer auflauern, vor allem in Witzblättern vor. Aber auch ohne Wallholz und ähnlichen Requisiten lassen sich weibliche Machtgelüste an Mann und Kindern ausleben. Auch die Handschrift des Drachens hinterläßt oft bittere Spuren.

Mag sein, daß Sie, nach den bisherigen Ausführungen der Ansicht sind, ich dächte nur in extremen Beispielen. Dem ist aber nicht so. Ich will mit diesen Beispielen nur ganz anschaulich vor Augen führen, daß weder der Haustyrann noch der Hausdrache die erste Grundbedingung einer fairen Ehe, nämlich ein *partnerschaftliches Miteinander*, erfüllen kann. Beide erwarten vom andern, daß er sich seinem Willen unterordnet, auf eine eigene Meinung verzichtet. Zugegeben, es ist wirklich schwer, gemeinsam Lösungswege zu finden. Das gelingt auch meiner Frau und mir nicht immer. Wir sind aber beide bestrebt, in partnerschaftlicher Achtung einander zu begegnen. Ein gegenseitig ausgewogenes Nehmen und Geben öffnet einen breiten Raum für eine echte Gleichberechtigung. Nur diese gemeinsame echte Emanzipation hat Lebenschancen. Alles andere führt früher oder später in eine Sackgasse, aus der nur mit viel Kraft herauszukommen ist.

Von der Emanzipation zur Eskalation?

Nun muß uns aber klar werden, daß die Beziehungsformen, die heute gelebt werden, zum Zeitpunkt der Partnerwahl völlig anders erlebt wurden (siehe 2. Kapitel). Jeder Konflikt in einer Beziehung hat also eine Entwicklung hinter sich. Zum Beispiel des Tyrannen in diesem Kapitel ist nachzutragen, daß die Frau zum Zeitpunkt der Partnerwahl eine starke männliche Führung suchte und auch wünschte. Aus dieser persönlichen Situation heraus hat sie die Wahl dieses Mannes getroffen. Im übrigen hat sie eine sehr ähnliche eheliche Beziehung aufgebaut, wie es bereits ihre Mutter getan hat. Ihr Vater war als Gemeindepräsident und Lehrer ein Despot, dem sich alle zu fügen hatten. Schon früh lernte sie, sich dem Manne zu unterwerfen und zu gehorchen. Im Verlaufe der ehelichen Entwicklung gewann sie zusehends an Selbstsicherheit, sodaß sie die straffe Hand ihres Mannes als störend zu empfinden begann. Gegen diese Empfindung nun begann sie sich zu wehren. Es war ihr nicht mehr wohl. Als Mittel wählte sie (nicht zuletzt auf Ratschläge von Bekannten) den versteckten Kampf gegen ihren Mann. Damit zwang sie ihn aber paradoxerweise zu noch stärkeren Reaktionen, um die rebellierende Frau wieder in den Griff zu bekommen. Die Eskalation begann. Je mehr sich die Frau zu emanzipieren versuchte, umso stärker die Herrschaftsansprüche des Mannes. Je massiver der Führungsanspruch des

Mannes, umso heftiger die Ausbruchsversuche der Frau. Dieses Beispiel mit seinem Beziehungssystem ist ein winziger Ausschnitt aus einer Fülle von anderen Formen. Es darf in keiner Weise als wegweisend verstanden werden, sondern bezieht sich auf das beschriebene Beispiel. Wohl mag es ähnliche Strukturen geben, gleich sind sie aber nicht.

Ich erlaube mir in diesem Zusammenhang noch einige Ausführungen zu einer Phase, die vor dem Konflikt wahrgenommen werden kann. Ich meine die Krise. Die junge Frau (Beispiel S. 36) hat rückblickend festgestellt, daß ihre persönliche Krise nicht von gestern auf heute eingetroffen ist, sondern einen langsam schwelenden Prozeß darstellt. Irgendetwas beginnt sich im Menschen zu verändern. Es zeichnet sich eine entscheidende Wende ab. Diese persönliche Auseinandersetzung mit sich und der Umwelt bringt häufig mit sich, daß man sich mit seinen Anliegen (z. B. Lebensangst, Unwohlsein in der Beziehung, nicht akzeptiert fühlen, sich schlecht behandelt fühlen, abgelehnt fühlen etc.) isoliert. Man vertraut sich niemandem an. In den eigenen vier Wänden brütet man über die persönliche Situation. Gerade dadurch glaube ich, daß sich mancher Zustand erst recht verschlechtert. Man bleibt doch nur zu gerne an der Schuldfrage hängen. Und schuldig erscheint einem ohnehin nur der Partner. Geschieht wohl die Klärung der Schuldfrage objektiv? Ich glaube es nicht, im Gegenteil. Jeder bestärkt sich in der irrtümlichen Annahme, daß er Recht habe. Recht haben heißt wiederum, daß es am Partner liegt. Und was geschieht, wenn der Partner auch so denkt? Das Beispiel des Haustyrannen hat es deutlich gezeigt. Der Kampf der Geschlechter kann beginnen. Hier müssen wir einfach sehen, daß der Stärkere gewinnen wird. Damit meine ich nicht nur den körperlich Stärkeren, sondern auch den psychisch Stärkeren. Die Folgen sind aber so oder so verheerend. Am Schluß wird man sich vor dem Scheidungsrichter nach der Verhandlung wohl die Frage stellen: Hat es sich gelohnt? Im materiellen Sinne wird man diese Frage beurteilen können. Vielleicht auch in wenigen andern Fällen. Die große Masse wird aber mit einer tiefen Verbitterung den neuen Lebensabschnitt antreten.

Sicher haben Sie auch schon den Vergleich gehört, daß unsere Perspektive der eines Frosches gleicht. Betrachten Sie einmal ein Foto, das mit

Fragen zum Nachdenken

- Wie erlebe ich meine Position zuhause?
- Welche Rolle spiele ich?
- Haben mein Partner und ich die gleiche Position?
- Wer ist unterlegen?
- Haben mein Partner und ich das gleiche Ziel vor Augen?
- Sprechen wir miteinander über die Aufgabenverteilung?
- Welche Aufgaben könnte auch mein Partner erfüllen?

einem Fischaugenobjektiv aufgenommen wurde. Sie stellen dabei fest, daß lediglich ein Bruchteil des ganzen Bildes (ein Kreis in der Mitte) so aussieht, wie er wirklich ist. Von einem größeren Teil des Bildes sehe ich wohl noch die Konturen, sie sind aber verzogen. Und der Rest des Bildes, der größte Teil, ist völlig schwarz. Ähnlich ergeht es uns mit unserem Blickwinkel in Sachen Partnerschaft. Was wir sehen und feststellen, ist nur ein Bruchteil von dem, was der Partner wirklich darstellt. Den weitaus größeren Teil sehen wir unklar oder überhaupt nicht. Dank unseren Vorurteilen und den immer wieder voreiligen Schlußfolgerungen – Aha, schon wieder! Genau wie gestern! – lassen wir uns von der «Suche im Dunkeln» abhalten. Damit vergeben wir eine enorme Entwicklungschance, denn nur im gegenseitigen, offenen ehelichen Gespräch wird es uns möglich werden, den dunkel erscheinenden Teil des Partnerbildes zu entdecken.

Einmal mehr

Wir müssen lernen, miteinander zu sprechen. Das ist wohl leichter gesagt als getan. Denn selbst in den Ehen, in denen sich Mann und Frau als gleichberechtigte Partner annehmen, gelingt ein offenes, eheliches Gespräch längst nicht immer. Und doch ist dieses Gespräch neben der partnerschaftlichen Grundhaltung die zweite Bedingung, die ich als unentbehrlich für das Gelingen der Ehe erachte. Viele Ehepaare haben im Verlauf der Ehejahre, vielleicht sogar schon sehr früh, völlig verlernt, miteinander richtig zu sprechen. Jeder meint, er kenne den andern und brauche deswegen nicht mehr viel zu sagen. Louis Evely schreibt in seinem Buch «Liebe und Ehe» (Herder 1969): «Im Prinzip verabscheut ein Mann lange Erklärungen. Er findet so etwas sentimental, hält es für Haarspalterei und ist der Meinung, daß er auf seine Weise alles gesagt hat. Er flüchtet sich in seine Arbeit. Er verschafft sich ein gutes Gewissen. Er sagt, daß er für seine Frau arbeitet. Viele Ehemänner halten sich für vorbildlich, weil sie ihre Frauen «anbeten», verwöhnen und als Idol behandeln, aber viele Frauen (und gerade die besten) sind auf lange Sicht mit diesem Kult nicht zufrieden; sie möchten leben, im Zwiegespräch als gleichwertig gelten, schöpferisch sein, etwas tun, und sie werden in einen Reliquienschrein eingeschlossen. Die meisten Frauen fühlen sich am Tag nach ihrer Hochzeit als Witwen. Sie hatten einen Verliebten zum Mann genommen und erwachen mit einem Geistesabwesenden, mit einem Menschen, dessen Interessen anderswo liegen... Der Mann verabscheut das Reden. Aber ich habe keineswegs die Absicht, ein Preislied auf die Frauen anzustimmen... Die Frau ist noch viel schlimmer. Sie ist imstande, Jahre hindurch ohne Unterbrechung zu reden, dabei aber das Wesentliche sorgfältig zu verschweigen...»

Die Praxis der Eheberatung zeigt, daß in den Worten Evelys sehr viel Wahres steckt. Wie viele Frauen klagen über ihre schweigsamen Männer, wie viele Männer stört das «Geplapper» der Frauen. Dabei hätten sich beide, würden sie ihre Ehegemeinschaft als das Wesentlichste in ihrem Leben ansehen, sehr vieles und sehr Wichtiges zu sagen. Aber eben – wer von uns hat es je gelernt, über seine Gefühle, seine Empfindungen, über sich selbst zu sprechen? Ist es nicht so, daß wir aus einer inneren Hemmung heraus persönliche Gespräche umgehen, gleichzeitig aber vom Partner erwarten, daß er unsere Wünsche und Sehnsüchte kennt, ohne daß wir sie ihm mitteilen? Viele Frauen beklagen sich in der Beratung, daß sie von ihrem Mann nicht mehr verstanden werden. Sie glauben, sie seien ihm gleichgültig geworden, weil er keinen ihrer Wünsche mehr erfüllt. Aber – haben sie diese ihre Wünsche ihrem Mann je mitgeteilt? Haben sie nicht einfach erwartet, daß er zum Beispiel ihre veränderte Einstellung, ihre neuen Bedürfnisse wahrnimmt, ohne daß sie sich darüber aussprechen? Manche heimliche Träne könnte durch mehr Offenheit seitens der Frau vermieden werden. Aber auch die Männer tragen ihren Teil bei, daß es kaum mehr zu einem echten Gespräch in der Ehe kommt. Als notorische Schweiger verschanzen sie sich allzu oft hinter der Zeitung oder setzen ihre Umgebung als «Kurznachrichtensprecher» knurrend davon in Kenntnis, daß man sie in Ruhe lassen soll. Eine Ehe kann auf die Dauer wohl noch «bestehen», aber nicht mehr lebendig sein, wenn Mann und Frau sich einander nicht mitteilen, wenn sie nur noch über «Dinge» sprechen, über die Schule, die Nachbarn, die Streitereien der Kinder, ohne sich dabei wirklich etwas zu sagen. Ich meine, in einer Ehe sollte über alles gesprochen werden, was für eine Partnerbeziehung von Bedeutung ist: über Wünsche (auch unerfüllbare!), über Fehler, die mich am Partner stören, über positive Gefühle, negative Beobachtungen, über Ärger, aggressive Regungen, Fragen, die mich beschäftigen usw.

Jeder wird seine Rolle, die er einmal übernommen hat, so lange spielen, bis er eine Korrektur erfährt. Wir sind uns viel zu wenig bewußt, welchen Automatismus wir im Alltag leben. Wir übernehmen Rollen und spielen sie, obwohl sie uns stören. Genau gleich ergeht es auch dem Partner. Nur beginnen wir uns an seiner Rolle schneller zu stoßen und zu ärgern. Wäre das Überdenken der eigenen Rolle nicht ergiebiger als das Kritisieren derjenigen des Partners?

Fragen zum Nachdenken

- Nehmen wir uns genügend Zeit, einander zu erzählen, was wir tagsüber erlebt haben?
- Schaffen wir uns Gelegenheiten, auch ohne Kinder (abends, wenn die Kinder bereits schlafen, beim Mittagskaffee am Sonntag oder auch abends im Bett) miteinander zu plaudern?
- Brauchen wir das Fernsehgerät, um stumm aneinander vorbeizuleben?
- Wie lebendig sind unsere Diskussionen?
- Wie reagiere ich darauf, wenn mein Partner mir von seinen Problemen erzählen möchte? (Mit einem... aha... und dann mit Schweigen?)
- Bin ich froh, wenn mein Partner den Mund hält?

6. Wunschlos glücklich?

Ich bin sicher, daß es einige Ehepaare gibt, die diese Frage mit einem überzeugenden Ja beantworten können. Ich meine hier nicht nur die jungen Ehepaare, sondern auch jene, die 10, 15 oder 20 und noch mehr Jahre verheiratet sind. Viele werden es aber dennoch nicht sein. Woran liegt das wohl?

Vom Glück träumen

Während unserer Bekanntschaftszeit streiften meine Frau und ich gerne und ausgiebig durch die Wälder unseres Wohnortes. Wir waren damals knapp 20-jährig. Mit Freuden erinnere ich mich jener schönen Zeiten, die für uns beide beglückend und wohltuend waren. Im jugendlichen Übermut stolperten wir über Baumwurzeln und durch undurchdringbar dichtes Gebüsch. Wir spielten wie kleine Kinder und versteckten uns hinter dicken Tannen. Wir freuten uns über Gottes schöne Natur und bedauerten immer, wenn wir durch unser überschwengliches Tun Hasen oder Rehe aufscheuchten, die in rasendem Tempo das Weite suchten. Kaum ausgetobt, suchten wir uns eine Bank, auf der wir gemeinsam über unsere bevorstehende Zukunft philosophierten. Wir schwärmten von einem schönen Zuhause, eigenen Möbeln, Kindern und allem, was uns in den Sinn kam. Ich höre heute noch, wie wir uns immer wieder beteuerten, einander glücklich zu machen. Unser gemeinsames Ziel war es, miteinander wunschlos glücklich zu werden. Große Probleme gab es keine und die kleinen versuchten wir mit einer Souveränität sondergleichen sofort zu lösen. Wir lebten in einer berauschenden Atmosphäre und feierten inmitten dieser Phase unsere Hoch-Zeit. Für uns war es das höchste aller Gefühle, einander heiraten zu dürfen, miteinander in Zukunft Freud und Leid zu teilen. Damit begann aber auch die Verpflichtung, alle vorgeschwärmten Versprechungen, Ziele und Wünsche zu realisieren. Natürlich merkten wir bald einmal, daß die Wirklichkeit wesentlich anders war, als wir uns dies in unserer jugendlichen Verliebtheit vorstellten. Der gemeinsame Alltag brachte uns schrittweise auf den

Boden der Realität. Und dennoch versuchten wir, uns gegenseitig jeden geheimen Wunsch (soweit dies möglich war) zu erfüllen. Wir glaubten, einander in jeder Beziehung zu kennen. Heute leben wir immer noch in einer Hoch-Zeit. Wir haben allerdings in der Zwischenzeit gelernt, miteinander über Dinge zu sprechen, die wir früher als Selbstverständlichkeit betrachtet haben. Wir setzen nicht mehr voraus, daß alles so läuft, wie es jeder für sich denkt, wir erreichen es, wenn wir es gemeinsam besprechen. Hier glaube ich, liegt eine enorme Chance, Enttäuschungen frühzeitig zu vermeiden (siehe Seite 19f).

Ich glaube, daß wir keine spektakulärere Bekanntschaftszeit erlebt haben als viele andere Paare. Auf der Hochzeitsreise und während der Flitterwochen mag es noch so gewesen sein, daß Wünsche wie im Traum erfüllt worden sind. Doch jeder Traum geht einmal zu Ende. Die Bedürfnisse ändern sich und damit auch die geheimen persönlichen Wünsche. Wenn wir nun unserem Partner unsere neuen Bedürfnisse nie mitteilen und nicht offen zu unseren veränderten Ansprüchen stehen, dann muß er uns ja enttäuschen. Er selber wird aber auch enttäuscht sein, wenn er spürt, daß er uns nicht mehr gerecht werden kann. Vielfach reagiert man aber gerade aus dieser Hilflosigkeit heraus mit Gleichgültigkeit dem Partner gegenüber. Viele Frauen erzählen mir, daß sie den Eindruck haben, ihr Mann interessiere sich gar nicht mehr für sie und ihre Anliegen. Sie haben oft das Gefühl, sie kämen persönlich zu kurz, müßten nur auf die andern Rücksicht nehmen und niemand kümmere sich um sie. Sie beginnen, eine Art Dornröschendasein zu pflegen und warten sehnlichst auf den erlösenden Ritter. Doch der kommt meistens nicht. Und sollte er doch noch kommen, dann ist es in der Regel nicht der Ehemann.

Die Männer erleben selbstverständlich die gleiche Phase völlig anders. Sie stecken mitten in ihrer beruflichen Entwicklung und erwarten von der Partnerin, daß sie diese Situation versteht. Es ist auch heute noch so: Will ein Mann sich beruflich entwickeln (ich meine nicht einmal die Karrieretypen), dann muß er eben in jungen Jahren sich entsprechend engagieren. Die Statistiken zeigen, daß viele Männer im Alter zwischen 25 und 35 Jahren sich beruflich weiterbilden, Kurse besuchen oder gar ein Abendstudium in Angriff nehmen. Für viele Ehepaare bedeutet diese Phase eine ernsthafte Prüfung, denn der persönliche Kontakt und die

Auseinandersetzung zwischen den Eheleuten beschränkt sich auf ein absolutes Minimum. Ideale, die früher einmal hoch und heilig beschworen wurden, werden auf die Seite gestellt oder einfach übergangen.
Ich erinnere mich an ein junges Paar, das im Alter von 22 Jahren heiratete. Die Frau hat vor gut 3 Jahren Zwillinge (2 Knaben) geboren. Auch ihr Ziel war es, glücklich zu werden. Sie erzählten mir folgende Lebensgeschichte: Der Vater der Frau war Alkoholiker. Mit seiner vorwiegend alkoholbedingten, aggressiven Art tyrannisierte er nicht nur seine Frau sondern auch seine 10 Kinder. Die Mutter war völlig überfordert, der reichen Kinderschar auch nur einigermaßen beizukommen. So geschah es, daß die Vormundschaftsbehörde eingreifen mußte und die Kinder in verschiedenen Waisenhäusern der näheren und weiteren Umgebung plazierte. Die Frau erinnerte sich auch nicht *einer* angenehmen Erfahrung aus der Jugendzeit. Vielmehr schilderte sie diese Zeit als belastend und traurig. Sie fühlte sich ausgestoßen und abgeschoben. Zu ihrem Vormund fand sie keine Beziehung und glaubte eher, daß es ihm im Kontakt nur darum gehe, sie möglichst lange «versorgt» zu wissen. Kaum 20-jährig zog sie in die Stadt und lief ihrem Freund und jetzigen Mann buchstäblich in die Arme. Sie hatte nur ein Ziel – endlich glücklich zu werden. Sie wollte alle ihre negativen Erfahrungen aus der mißlich verlaufenen Jugendzeit abschütteln und ein völlig neues Leben beginnen. Mit diesem Vorsatz traf sie auf ihren Mann. Er stammte aus ziemlich ähnlichen Verhältnissen. Er wurde als uneheliches Kind geboren und verlebte die ersten Lebensjahre in verschiedenen Kinderheimen. Als er dreijährig war, heiratete seine bis anhin nur ihm gehörende Mutter. Zu seinem Stiefvater fand er vorerst ein nettes Verhältnis. Seinen Angaben zufolge änderte sich sein Verhältnis zum Stiefvater an dem Tag, als seine Mutter das erste Stiefschwesterchen zur Welt brachte. Von da an habe ihn der Stiefvater nur noch schikaniert. So habe er immer Schläge bekommen, wenn seine Stiefschwester zu weinen begann. Auch dann, wenn er ihr überhaupt nichts getan habe. Überhaupt sei die Schwester überall bevorzugt gewesen. Später habe er abends jeweils auf sie aufpassen müssen, wenn sich die Eltern im nahegelegenen Restaurant amüsierten. Mit 16 habe er es zuhause nicht mehr ausgehalten. Er sei eines Nachts, nur mit dem Trainingsanzug bekleidet, aus der Wohnung geschlichen. Als man ihn drei Wochen später im Vergnügungsviertel einer Stadt durch die Polizei gefunden habe, sei er sofort bevormundet

worden. Seinen Vormund habe er jedoch bis zum 20. Altersjahr (der Volljährigkeit) nie gesehen. Schon damals sei er einige Male betrunken gewesen. Als er seine Frau zum ersten Mal sah, war ihm klar, daß er nur mit ihr zusammen ein neues Leben beginnen konnte. Auch sein Wunsch war es, die betrübliche und unrühmliche Vergangenheit an den Nagel zu hängen. Mit diesen Voraussetzungen begann das Paar seine Ehe. Und heute? Heute ist die Situation nicht weniger betrüblich als damals. Die Frau hat es satt, Tag für Tag allein für die Kinder sorgen zu müssen und abends bis in alle Nacht zu warten, bis der Mann betrunken nach Hause kommt. Der Mann meint, daß er als Ausgleich zu seiner Tätigkeit sich entspannen müsse. Und da er diese Entspannung zuhause nicht finde, müsse er zwangsweise Entspannungsmöglichkeiten außerhalb des Hauses suchen. Er habe einige Kollegen kennengelernt, mit denen er jeden Abend Karten spiele. Daß dabei hin und wieder ein Glas Bier getrunken werde, sei ja noch nicht so schlimm.

Natürlich ist es diesem Manne wohler, wenn er auswärts spielen, sich vergnügen und damit die bedrohlichen Vorwürfe seiner Frau im Glas ertränken kann. Er schafft sich damit jeden Tag einen Fluchtweg, den er benützen kann, um sich mit seiner Frau nicht über den üblen Alkoholmißbrauch unterhalten zu müssen. Und was entsteht daraus? Eigentlich genau das Gegenteil von dem, was er erreichen will. Durch sein Verhalten manövriert er sich noch tiefer in jene Situation, vor der er fliehen möchte. Je massiver die Vorwürfe der Frau, desto weniger bleibt er zuhause. Je mehr er abends ausgeht, umso heftiger werden die Reaktionen der Frau. Damit sind die Weichen für eine eheliche Fehlentwicklung gestellt. Schade, meine ich, denn vieles verderben wir, weil wir nicht in der Lage sind, miteinander zu sprechen. Was wir einander in solchen Situationen mitteilen, das sind und bleiben Vorwürfe, auch wenn wir es gar nicht so meinen. Wir versuchen doch, mit allen uns zur Verfügung stehenden Mitteln den Partner auf unsere persönliche mißliche Lage aufmerksam zu machen. Es ist nicht selten, daß der Partner mit den gleich starken Mitteln zu Abwehrmaßnahmen greift.

Glück kaufen

Geburtstage, Namenstage, Weihnachten, Ostern etc. bieten die hervorragende Gelegenheit, mit teuren und exklusiven Geschenken (so das Budget reicht) wieder einiges einzurenken. Im Volksmund besagt ein Sprichwort, daß der Weg zur Hölle mit guten Vorsätzen gepflastert sei. Dieses Sprichwort trifft auch hier in der Regel zu. Geschenke und Vorsätze halten nicht lange. Sie sind vorwiegend da, um momentan heikle Situationen zu bereinigen. Es soll allerdings Männer geben, deren Eigenschaft es ist, großzügig zu sein. Reicht diese materielle Basis, um glücklich zu sein? Ich glaube, daß zehn kleine Geschenke verteilt auf das ganze Jahr mehr bedeuten, als ein großes und teures Geschenk an jenen Tagen, an denen laut Kalender ein Festtag ist. Ich brauche nicht zu warten bis Weihnachten, wenn ich meiner Frau eine Freude bereiten will. Ich brauche aber auch nicht bis Weihnachten zu warten, damit ich meiner Frau eine Freude bereiten *muß*! Ich belüge mich ja selber und gebe meinem Partner immer wieder zu neuen Hoffnungen Anlaß, die im Grunde genommen gar nicht vorhanden sind. Wenn ich wirklich glücklich werden will, dann muß ich mir dieses Ziel tagtäglich neu vor Augen halten und auch versuchen, danach zu leben. Und dazu brauche ich kein überdimensioniertes Budget. Ein Schüler hat im Religionsunterricht zum Thema Freude folgenden Satz geschrieben: «Freude ist wie ein Bumerang. Wer ihn auswirft, erhält ihn zurück.»

Glück finden

Das Gefühl, glücklich zu sein, ist für mich das höchste aller Gefühle. Dieses Glücksgefühl ist nicht in Gold und Reichtum, sondern in der Seele zuhause. Glücklich sein bedeutet, sich geborgen fühlen, Geborgenheit vermitteln, sich akzeptiert fühlen. Diese Geborgenheit, ein Gefühl der Zuneigung zu meinem Partner, brauche ich, um mich überhaupt entfalten zu können. Genau gleich geht es auch meiner Frau. Sind wir in der Lage, einander jeden Tag echte Zuneigung und Geborgenheit zu vermitteln, so wird es uns auch gelingen, glücklich zu werden. Übersetzt auf den Alltag könnte dies heißen, daß zum Beispiel die Frau das Mittagessen nicht einfach im Teller dem Manne vor die

Nase setzt, sondern mit angerichteten Platten, Sets und Servietten die alltägliche Mahlzeit zu verschönern versucht. Braucht das soviel mehr Aufwand? Auf einem Kalenderblatt las ich unlängst: «Ein Hammer verfehlt gelegentlich sein Ziel. Ein Blumenstrauß hingegen nie!» Wie wäre es mit einem kleinen Strauß, es könnten auch Wiesenblumen sein? Braucht das so viel Überwindung? In jedem Zeichen steckt ein Funke neuen Lebens. Wir alle sind doch angewiesen auf solche Zeichen. Ohne sie können wir gar nicht existieren. Ich könnte noch eine Menge solcher Kleinigkeiten aufzählen. Ich mache es jetzt bewußt nicht, denn ich meine, daß jedes Ehepaar andere Wünsche und Bedürfnisse hat. Sie herauszufinden, das soll Ihre Aufgabe sein.

Aufgaben

- Versuchen Sie herauszufinden, woran Ihr Partner besondere Freude hätte.
- Bereiten Sie ihm mindestens einmal pro Woche eine Überraschung, die Sie bis heute nicht gemacht haben.
- Sprechen Sie mit Ihrem Partner über die Wünsche und Bedürfnisse die Sie damals vor .. Jahren einander anvertrauten und teilen Sie ihm mit, was für Wünsche und Bedürfnisse Sie heute haben.

7. Sexualität in der Ehe

Es ist mir ein großes Anliegen, daß wir uns über den Stellenwert der Sexualität in Ehe und Familie miteinander unterhalten. Das Thema Sex ist in mancher Hinsicht natürlich recht umstritten. Einmal wird in vielen bunten Illustrierten in zum Teil erniedrigendem Ton über das Thema Sex geschrieben und damit enorm viel Geld verdient. Pornohefte, Sexfilme für den Hausgebrauch und auch fürs Kino, Stimulatoren und vieles mehr füllen Kassen noch und noch. Das Angebot an Erzeugnissen jeglicher Art ist übergroß. Selbst die Werbung spielt den Joker Sex. Achten Sie einmal beim Fernsehen, in wievielen Werbespots eine Frauenhand, ein weibliches Wesen oder auch bloß die samtweiche Stimme einer Frau eine Rolle spielt. Auf Plakaten und Posters, in fast jeder Werbung für welches Produkt auch immer, auch als Maskottchen an schweren Kraftfahrzeugen aufgeklebt, überall mehr oder weniger bekleidete Frauen. Sexy ist in, sagen sich viele. Diesen Sommer habe ich eine etwa 40-jährige Frau leicht bekleidet in kürzestem Minijupe gesehen, nur etwa 10 Kilogramm zu schwer! Ich verstehe, wenn viele von Sexualität überhaupt nichts mehr hören, geschweige denn noch lesen wollen. Sie haben von alledem einfach genug. Zuviel Unfug wird betrieben. Da bin ich absolut gleicher Meinung. Es gibt genug Bücher, Zeitschriften und Hefte, in denen das Thema Sexualität in zum Teil despektierlicher Weise bis zum Überdruß beschrieben wird.

Nicht gleicher Meinung bin ich hingegen, wenn versucht wird, das Thema Sexualität zu verdrängen, vor allem in jener Umgebung, die dafür verantwortlich ist, dieses Thema auf saubere Art und Weise zu behandeln: in der Familie. Hier bietet sich die hervorragende Möglichkeit, einen Ausgleich zur sensationshungrigen Ausbeute der Sexualität zu schaffen. Müssen denn die Kinder wirklich auf der Straße aufgeklärt werden? Besteht nicht gerade dadurch die Gefahr, daß die Sexualität damit eine völlig falsche Note erhält? Ist die heutige Entwicklung nicht doch das Resultat einer sturen und aus meiner Sicht hilflosen Haltung von damals? Ich glaube einfach, daß viele Leute diese unheimliche Chance, auch in sexueller Hinsicht in der Familie offen und fair zu diskutieren, nicht wahrnehmen. Eine Frau hat mir geschrieben, daß sie sich bis heute noch nicht die Mühe genommen habe, zusammen mit ihrem Mann die unbefriedigende Beziehung in sexueller Hinsicht anzusprechen. Früher habe man das einfach nicht gemacht. Sexualität war tabu. Als sie damals 18-jährig war, glaubte sie, daß man ein Kind bekomme, wenn zwei einander küssen. Erst ihr Mann konnte sie überzeugen, daß es zur Zeugung von Kindern noch mehr braucht. Vielfach erhielt man von den Eltern keine konkreten Auskünfte. Die Schande, daß eine Tochter ein uneheliches Kind gebären könnte, hemmte oft die so bitter nötige Aufklärungsarbeit. Das kindliche Spiel mit den Genitalien, das ein natürliches Entdecken des eigenen Körpers ist, wird oft brüsk mit moralischen «Predigten» abgeklemmt. So etwas macht man nicht, das ist unkeusch, heißt es. Diese moralischen Grund- und Leitsätze stammten denn auch vorwiegend, wenn nicht ausschließlich, von den Kirchen, die gerade zum Thema Sexualität enorm starken Druck ausübten. So war es lange Zeit vor allem im katholischen Raum gang und gäbe, daß Sexualität nur im Zusammenhang mit der Zeugung eines Kindes erwünscht und erlaubt war. Selbst dann haben, wie ich weiß, viele Ehepaare nach einem Geschlechtsakt ihre Sünden gebeichtet, um von Schuld und Sünde wieder frei zu sein. Ist die sogenannt unmoralische Lebenshaltung von heute nicht als Gegengewicht zu der massiv unterbundenen Sexualität vergangener Zeiten zu betrachten?

Ich möchte es an dieser Stelle nicht zu einer Diskussion über Sexualität aus kirchlicher Sicht kommen lassen. Ich will aber, daß wir versuchen, unsere Überlegungen in kritischer Weise in den Zusammenhang unseres persönlichen Erlebens, unserer Erziehung, Herkunft und (wo vorhanden) auch unserer religiösen Basis zu stellen.

Unsere Haltung in sexueller Hinsicht ist enorm stark geprägt von den Erfahrungen aus dem Elternhaus. So wie zuhause darüber gesprochen wurde, so prägt sich meine persönliche Ansicht.

Fragen zum Nachdenken

- Wie erlebe ich den sexuellen Kontakt mit meinem Partner?
- Ist die Art des sexuellen Kontaktes für beide befriedigend?
- Kann ich frei mit meinem Partner darüber sprechen?
- Welches ist meine Grundhaltung und wie begründe ich sie (Erziehung, Religion etc.)
- Bin ich absolut sicher, daß diese Grundhaltung richtig ist?
- Lasse ich mir diesbezüglich unbequeme Fragen stellen oder wehre ich solche Fragen energisch ab? Wieso?
- Habe ich in sexueller Hinsicht Schwierigkeiten?
- Spürt es mein Partner? Wie reagiert er?
- Warum getraue ich mich nicht, mit ihm darüber zu sprechen?
- Was hemmt mich?
- Ist das Problem der Empfängnisverhütung befriedigend gelöst?

Sexualität ist kein Leistungssport

Vor einiger Zeit haben Statistiken von Kinsey und anderen Autoren einiges an Verwirrung gestiftet. Meiner Erfahrung nach hält die Verwirrung munter an. Wenn da geschrieben steht, daß die normale Häufigkeit des Geschlechtsverkehrs im 4. Lebensjahrzehnt 2,8 mal in der Woche, im 5. Lebensjahrzehnt 2,2 mal und im 6. Lebensjahrzehnt 1,3 mal wöchentlich beträgt, so liegt es auf der Hand, daß manches Ehepaar sich für abnormal hält, wenn es nicht so oft oder nicht noch häufiger Geschlechtsverkehr hat als der Durchschnitt der «Normalen». Auf dieser Ebene wird Sexualität mit Leistungssport verwechselt. Manches Ehepaar wird durch einen unnötigen Leistungsdruck belastet. Dazu gesellt sich noch die vielgepriesene Parole vom unbedingten Muß ständigen Orgasmuserlebens und unerschöpflicher Potenzfähigkeit bis ins hohe Alter. Sexualität kann nie mit sportlichen Maßstäben gemessen oder mit Schlagworten eingefangen werden. Sie ist und bleibt eine unmißverständliche Ausdrucksform der Liebe. Wenn wir uns nun fragen, wieviel Liebe normal sei, erkennen wir auch gleich, wie unsinnig es

ist, hier die Frage nach einer Norm zu stellen oder sich auf «lustbringende Liebesakrobatik» zu versteifen. Es gibt so viele Ausdrucksformen der Liebe, daß die Häufigkeit des Geschlechtsverkehrs nicht zum Gradmesser der Liebe zwischen den Partnern gemacht werden kann. Normal ist nur, was ein Ehepaar für sich in seiner Situation als richtig empfindet, vorausgesetzt, beide sind gleicher Meinung.
Sexuelle Liebe ist sehr sensibel. Sie reagiert auf zwischenmenschliche Störungen, auf Stimmungsschwankungen, auf seelische Belastungen und auf körperlichen Streß. Dabei sind in jedem Fall die individuellen Reaktionen verschieden. Wichtiger als alles Wissen um lustbringende Liebestechnik ist deshalb das Bemühen um gegenseitiges Verständnis. Dies ist aber nur möglich, wenn Mann und Frau fähig sind, miteinander zu sprechen, Gefühle und Empfindungen auszutauschen. Ich weiß, daß dies enorm schwierig ist. Deshalb versuchte ich auch in früheren Kapiteln auf diese Möglichkeiten näher einzugehen. Wenn wir nicht fähig sind, auf anderen Ebenen miteinander zu sprechen, wie sollte es uns dann möglich sein, dies im sexuellen Bereich zu tun? Ebenso schwierig ist es, im Sinne der «Ich-Botschaften» eine vorwurfsfreie Atmosphäre zu schaffen. Wenn zum Beispiel ein Mann seiner Frau vorwirft, sie tauge im Bett nichts, so wird er von ihr wohl auch nicht erwarten können, daß sie Lust und Freude am sexuellen Kontakt verspürt. Sie fühlt sich erniedrigt, entwertet und wendet sich von ihm ab, auch wenn sie ihre «eheliche Pflicht» noch erfüllt. Die Frau ihrerseits kann dem Mann auf vielfältige Weise zu spüren geben, daß ihr sein Begehren mißfällt, daß sie ihn als einen schlechten Liebhaber betrachtet, ohne daß sie dies auch nur einmal ausspricht. Ich erfahre immer wieder, daß sexuelle Störungen und Schwierigkeiten auf ein mangelndes Verständnis füreinander und auf mangelnde Offenheit zueinander zurückzuführen sind. Einseitige Überforderungen, fehlendes Einfühlungsvermögen und geringe Achtung voreinander gehören zu den hauptsächlichen Merkmalen sexueller Fehlentwicklung. Im sexuellen Bereich kommt zum Ausdruck, wie es um die allgemeine zwischenmenschliche Beziehung in der Ehe steht. Leistungszwang und Liebestechnik können einiges vordergründig überspielen, in keinem Falle aber Probleme lösen. Deshalb ist es mir ein großes Anliegen, daß jedes Paar sich immer neu dieser Zusammenhänge bewußt wird und bereit ist, an sich zu arbeiten und auch den Mut zu einer Neuorientierung aufbringt.

Ein junges Paar, beide etwa 30-jährig und berufstätig, wurde mir von seinem Hausarzt zugewiesen. Ich sollte abklären, ob die Ehe noch zu retten sei. Das Paar litt unter schwersten sexuellen Störungen. Aus der Sicht des Arztes war eine Scheidung unumgänglich. Das erste Gespräch mit dem jungen Paar ergab denn auch ein recht betrübliches Bild. Seit sechs Jahren waren die beiden verheiratet. Vorher lebten sie etwa ein halbes Jahr zusammen. Ungefähr ein Jahr nach der Heirat begannen die sexuellen Schwierigkeiten. Die Frau war abends immer müde und verspürte keine Lust zu sexuellen Beziehungen. Trotzdem kam sie während weiteren vier Jahren ihren ehelichen Pflichten nach. Seit einem Jahr aber lehnt sie ihren Mann total ab und will in sexueller Hinsicht nichts mehr wissen. Die Aussagen des Mannes ergaben ein ähnliches Bild. Während der Zeit, als sie noch nicht verheiratet waren, klappte es ausgezeichnet. Er fühlte sich sexuell sehr stark angezogen. Aber bald nach der Heirat spürte er, daß sein Begehren nach sexuellem Kontakt bei seiner Frau oft auf taube Ohren stieß. Er spürte, daß sie ihn zurückwies und oft auf später vertröstete. Im Grunde genommen hatte er dafür auch Verständnis. Zudem wollte er in den Augen seiner Frau nicht als «begierliches Tier» erscheinen. Somit kam es immer spärlicher zu sexuellen Kontakten. Das Verständnis, das er ursprünglich für das Verhalten seiner Frau aufbrachte, schwand allmählich. Er begann, mit sich selber Mitleid zu haben und fand schließlich Trost im Alkohol. Zwar trank er nicht viel, aber regelmäßig. Hin und wieder trank er sich Mut zu, um einen neuen Anlauf zu versuchen. Seine Frau aber wehrte ihn empört ab und machte ihm wegen seines Alkoholkonsums heftige Vorwürfe. Dies versetzte ihm zwangsweise wieder einen Tiefschlag. Seine Frau wurde ihm allmählich gleichgültig. Heute ertragen sie einander kaum mehr. Dennoch wollten sie sich nicht einfach scheiden lassen, sondern einen letzten Versuch wagen, um ihre Ehe noch zu retten.

Merkmale einer sexuellen Fehlentwicklung

Mir scheint, daß in obiger Fallerzählung einige wesentliche Merkmale einer sexuellen Fehlentwicklung enthalten sind. Ich möchte sie kurz aufgreifen.

Da ist die Klage der jungen Frau, daß sie abends oft müde sei. Mit dieser Klage ist sie nicht allein. Ich höre sie in der Sprechstunde immer wieder. Es wäre äußerst aufschlußreich zu untersuchen, in wievielen Fällen diese Müdigkeit tatsächlich auf einen anstrengenden Tag zurückzuführen ist. Ich glaube viel mehr, daß die ganz natürliche Müdigkeit sehr oft akzentuiert wird, um auf diese Weise sexuelle Beziehungen zum Partner zu umgehen. Es ist einfacher und unverfänglicher zu sagen, man sei müde, als offen zuzugeben, man habe einfach keine Lust auf Sexualverkehr. Wie reagiert wohl der Mann, wenn er von seiner Frau erfährt, daß sein Verlangen unangenehm ist und sie im Moment keine sexuellen Beziehungen will? Sicher wäre eine solche Offenheit für den Ehemann brüskierend. Könnte sie aber nicht auch heilsam sein? Eine vorgeschobene Müdigkeit ist mindestens für den Moment ein bequemer Ausweg. Häufige Müdigkeit bedeutet für mich oft (falls wirklich keine Krankheit vorliegt) eine Störung im zwischenmenschlichen Bereich. Vielleicht fühlt sich ein Partner in der Beziehung nicht mehr wohl oder nicht mehr verstanden. Vielleicht plagt ihn etwas, das er schon lange mitteilen möchte und bis heute einfach nicht fertiggebracht hat. Vielleicht hat er mit sich selber und seiner persönlichen Situation Schwierigkeiten, oder er fühlt sich durch die Erwartungen seines Partners überfordert. Durch die ständige Mitteilung des Signals der Müdigkeit, ein Phänomen, an dem vorwiegend die Frauen beteiligt sind, lernt der Partner eine gewisse Distanz kennen. Je häufiger er sein Begehren nach sexuellen Beziehungen anmeldet, umso mehr «Körbe» erhält er. Er lernt also, weniger begierlich zu sein. Anfänglich wird er sicher eine recht große Portion Verständnis für die Müdigkeit seines Partners aufbringen. Im Verlaufe der Zeit wird aber auch er versuchen, zu seinem Recht zu kommen. Gelingt ihm dies nicht zuhause, so wird er auf zwei Möglichkeiten ausweichen: Selbstbefriedigung oder Ehebruch. Natürlich gibt es noch eine weitere Möglichkeit, die der Enthaltsamkeit. Allerdings habe ich diese Variante bis heute noch nicht angetroffen.

Das anfängliche Verständnis des Partners schlägt um in Traurigkeit, Resignation und Gleichgültigkeit. Aus dem eleganten Ausweg der Müdigkeit kann sich ein Fiasko entwickeln. Ich möchte fast behaupten, daß alle Ausreden und versteckten Schachzüge, auf die manche so stolz sind, in den meisten Fällen reiner Selbstbetrug sind. Mosaikstein reiht sich an Mosaikstein, Frage an Frage, Problem an Problem. Sie werden nicht kleiner, sondern größer. Das ganze Kartenhaus wird eines Tages in sich zusammenfallen. Dieser Zustand wird meistens als Scherbenhaufen bezeichnet. Muß es wirklich so weit kommen? Krisen können nicht mit fadenscheinigen Alibiübungen überbrückt werden. Ich möchte hier nicht nur von den «müden» Ehefrauen sprechen. Sie sind nicht allein. Es gibt auch müde Ehemänner, arme, geplagte, gestreßte. Ich meine damit jene, die sich im Büro bei und mit der Sekretärin erholen. Oder aber auch jene, denen ihr Geschäft ein und alles ist. Sie arbeiten so lange und so intensiv, daß sie abends nur noch halbtot ins Bett fallen können. Leben sie nicht am Leben vorbei? Nach einigen wenigen Besprechungen hatte ich vom vorerwähnten Paar erfahren, daß die Störungen im sexuellen Bereich gar nicht das eigentliche Problem waren. Dieses lag vielmehr darin, daß sich die Frau total überfordert fühlte und deshalb ihre «Notbremse» zog. Sie wollte nicht mehr so gehetzt und gestreßt weiterleben. Sie erwartete von ihrem Mann mehr Verständnis für ihre Situation und auch mehr Mithilfe im konkreten Alltag. Gerade dies aber konnte sie nicht aussprechen und begann, sich von ihm zurückzuziehen, täuschte Müdigkeit vor und manövrierte sich in eine immer schlimmere Lage hinein. Ist Müdigkeit ein Ventil, um unangenehmen Beziehungen zum Partner aus dem Weg gehen zu können?

Ich möchte anhand eines weiteren Bespiels die eben besprochene Problematik nochmals vor Augen führen. Eine 32-jährige Frau und Mutter von zwei Kindern (6- und 3-jährig) berichtet von ihren Sexproblemen, die sie schon seit 5 Jahren plagen. Ärztliche Abklärungen sollen ergeben haben, daß sie frigide sein soll. Sie verspürte bei jedem Geschlechtsverkehr enorm starke Schmerzen. Während der vergangenen fünf Jahre wurde sie nicht nur medikamentös behandelt, sondern auch dreimal operiert. Ein Erfolg blieb aus. Schließlich verwies sie der Arzt zum Psychiater mit der Begründung, ihre Schmerzen seien psychosomatisch. Während gut 1½ Jahren besprach sie sich regelmäßig mit dem Psychiater. Ein Erfolg blieb aus. Als letzte Möglichkeit empfahl der Psychiater der Frau eine Ehetherapie und verwies sie an mich. Schon nach dem ersten Gespräch erwünschte ich mir ein Gespräch mit ihrem Mann allein. Dieser kam jedoch nicht. Am Telefon gab er mir unmißverständlich zu verstehen, daß er für solche Therapien keine Zeit habe. Er sei ein angesehener

Politiker in seinem Dorf, lebe ein aktives Leben und pflege seine Hobbies. Schließlich habe ja nicht er Probleme in dieser Hinsicht, sondern seine Frau. Er sei normal, ich solle seine Frau behandeln. Dieser «omnipotente» Mann kann offensichtlich keine persönlichen Schwächen eingestehen, geschweige denn gegen außen zeigen. Seine Frau, unglücklich und depressiv (erst in den letzten Jahren) wird, so ihr Mann die Notwendigkeit einer Therapie nicht einsieht, ein trauriges und unglückliches Leben leben und dieses Bild den Kindern weitervermitteln. Sie weiß aber genau, daß diese sexuellen Probleme nur zusammen mit ihrem Partner gelöst werden können.

Sexualität als Machtmittel

«Er will immer nur das eine...», höre ich viele Frauen sagen. Im gleichen Atemzug sprechen sie meistens auch von der «ehelichen Pflicht«, die sie zu erfüllen hätten. Sie erleben sexuelle Beziehungen in erster Linie als Forderung, als Anspruch des Mannes. Um diesen Machtanspruch abwehren zu können, bedienen sie sich oft des Mittels der Verweigerung (oder eben der vorgeschobenen Müdigkeit). Damit halten sie ein Gegenmittel fest in Händen und schützen sich gegen den Anspruch des Partners. Wer gewinnt wohl diesen Machtkampf? Wer heute gewinnt, verliert in der Regel morgen. Es sei denn, er erfinde ein immer besseres und treffsichereres System, um ja die Oberhand nicht abgeben zu müssen. Es käme dabei keinem in den Sinn, sich einmal grundsätzlich mit den wesentlichen sexuellen Bedürfnissen des Partners auseinanderzusetzen. Viele Frauen (vorwiegend im mittleren Alter) erleben die sexuellen Kontakte zum Teil recht problematisch. Während der Mann oft in kurzer Zeit zu einem Orgasmus kommt, geht die Frau leer aus. Mit Recht kommt sie sich entwertet vor. Oft höre ich auch von meinen Klientinnen, daß sich die Männer nachher, ohne ein Wort zu verlieren, umdrehen und zu «schnarchen» beginnen. So, als wäre Sexualität nicht mehr als eine tierische Triebbefriedigung. Von dem ergänzenden Zusammenspiel eines liebenden Paares ist da nicht mehr viel zu merken. Ich glaube, wir müssen uns davor hüten, im Sinne einer Idealisierung die sexuelle Beziehung zwischen Mann und Frau nur unter dem Aspekt vollkommener Begegnung und Erfüllung zu sehen. Auch hier tut Sachlichkeit ebenso Not wie das Wissen um grundlegende Sachverhalte. So sollte sich die Frau im klaren sein, daß der Mann sexuell aggressiver, triebhafter und fordernder sein kann. Ich meine, daß eine Frau solchen Tatsachen Rechnung tragen und nicht immer höchste Erfüllung und absolute Rücksichtnahme erwarten sollte. Andererseits darf der Mann seine Frau nicht zur Hausdirne degradieren, die unter dem Anspruch der «ehelichen Pflicht» seinen Forderungen gerecht zu werden hat.

Sexualität beginnt nicht erst abends im Bett. Wenn der Mann den ganzen Tag nichts als murrt, reklamiert und seine Frau in der Wohnung herumjagt, dann kann er am Abend nicht verlangen, daß sie sich freudestrahlend und hingebungsvoll zu ihm ins Bett legt. Sie erlebt Sexualität ganzheitlicher und möchte die sexuelle Begegnung eingebettet sehen in eine Beziehung, die sie auch tagsüber als befriedigend und glücklich erfährt. Viele Männer hätten in diesen Belangen eine Nachschulung bitter nötig. Sie geizen mit Komplimenten, erachten alles, was die Frau macht, als selbstverständlich, lassen ihre Launen an ihr aus und sind kaum mehr fähig, untertags ein Zeichen der Zärtlichkeit zu setzen.

Zeichensprache der Liebe

Es gibt viele Zeichen, mit denen Mann und Frau sich ihre Liebe im Alltag beweisen können. Denken Sie nur daran, wie erfinderisch Sie in dieser Hinsicht in der Zeit ihrer ersten Liebe waren. Der Mann in der Regel charmant, galant, auf Freiersfüßen und die Frau verführerisch und einfallsreich in der Art, ihrem Freund immer besser zu gefallen. Im Verlaufe der Zeit flacht die «Eroberung» vielfach zur Forderung ab und die Frau gibt es auf, sich für ihn attraktiv zu machen und ihm durch Zeichen und Blicke zu verstehen zu geben, daß sie ihn liebt und auch nach ihm verlangt. Der gewöhnliche Alltag verleitet nur zu gerne zu einem monotonen, ich möchte fast sagen schemahaften Dasein. Ich beobachte viele Paare, wie sie stur wie eine Uhr ihr Leben leben. Die damals so beglückende Spontaneität erstarrt. Wo bleibt denn jenes junge Paar, welches eng umschlungen vor fünf oder zehn Jahren durch die Altstadt schlenderte? Beobachten Sie doch mal in Ihrer näheren Umgebung, wie viele Ehepaare Hand-in-Hand spazieren? Sind all die Liebkosungen wirklich nur Vorrecht der jungen, noch nicht verheirateten Paare? Macht *man* das nicht mehr, wenn man älter wird? Ist denn die Phase der Eroberung wirklich mit dem Vollzug der Trauung vor dem Traualtar abgeschlossen? Meiner Ansicht nach sollte sie erst recht beginnen. Damit ich diesen Zustand aufrechterhalten kann, muß ich mich aber immer wieder, Tag für Tag, neu anstrengen. Was mache ich denn anderes im Geschäftsleben? Wenn ich weiterkommen will, dann muß ich mir ganz schön Mühe geben. Gilt nicht der selbe Mechanismus auch für die Ehe?

Zuneigungen, Zärtlichkeiten, Geborgenheit usw. sind alles Begriffe, die nicht einfach sind, sondern im gemeinsamen Kontakt zueinander *werden*. Dafür habe ich mich entsprechend anzustrengen. Im Sprechen, im gemeinsamen Hobby, bei der Arbeit zuhause oder im Garten, in jeder Unternehmung kann sich Liebe ausdrücken. Wie oft haben Sie Ihrem Partner schon gesagt «ich liebe dich»? Haben Sie Ihrem Partner auch schon danke gesagt für etwas, das sie eigentlich als Selbstverständlichkeit betrachten? Nähe zu spüren und weiterzugeben ist letztlich viel wichtiger als materielle Sicherheit. Wenn ein Paar sich liebt, dann darf sich diese Liebe nicht nur auf den Abschluß des Tages in Form des Geschlechtsverkehrs beschränken.

Fragen zum Nachdenken

- Wie engagierte ich mich meinem Partner gegenüber während der ersten Ehejahre?
- Wie sieht mein Engagement heute aus?
- Was hat meinem Partner damals besonders gefallen? Welche Blume, welches Kleid, welche Geste, welche Zärtlichkeiten?
- Wie haben Sie seine Gegenwart damals empfunden?
- Wie empfinden Sie die Gegenwart Ihres Partners heute?
- Was freut Sie im körperlichen Umgang mit ihm?
- Was möchten Sie anders haben?
- Was macht mir Freude und Spaß?
- Was bereitet mir Kummer?
- Was gefällt mir nicht?
- Was wünsche ich mir?

Zärtlichkeit neu erleben

An dieser Stelle möchte ich auf Methoden und Möglichkeiten näher eingehen, um dem köperlichen Kontakt zueinander neue Noten geben zu können. Wie ich schon am Anfang dieses Kapitels erwähnt habe, gibt es Ehepaare, die nur noch die Form des Geschlechtsverkehrs kennen. Der einst so spielerische Aspekt des Vorspiels zum Geschlechtsverkehr ist auf holprige Fragmente zusammengeschmolzen. Zielbewußt und unmißverständlich werden nur noch jene Körperstellen berührt, die eine möglichst effiziente und rasche Stimulierung bis hin zum Orgasmus zulassen. Der Rest des Körpers wird ignoriert. In den Vereinigten Staaten wird schon seit längerer Zeit versucht, all das, was früher selbstverständlich war, mittels neuer Übungen wieder zu lernen. Ein Paar mit sexuellen Störungen wird wieder jene Stadien erlernen müssen, welche früher ein tiefes Glück der Zusammengehörigkeit erleben ließen. Ich habe mich gefragt, ob man all diese Übungen wirklich erst dann wieder neu lernen muß, wenn bereits Störungen vorhanden sind. Ich bin der Überzeugung, daß es wahrscheinlich jeder Beziehung gut tut, sich immer wieder neu begegnen zu lernen. Dabei sind keine stimulierenden Hilfsmittel wie Pornohefte, Fibratoren und ähnliches nötig. Vielmehr ist es absolut notwendig, daß beide (Mann und Frau) sich gegenseitig so annehmen und akzeptieren, wie sie zur Zeit sind. Feindseligkeiten und Streitereien sind vielfach hindernd. Beide sollen den ehrlichen Wunsch haben, miteinander und füreinander zu leben und sich gegenseitig zu helfen.

Von absoluter Wichtigkeit ist die Körperhygiene. Vielleicht schütteln Sie den Kopf und möchten am liebsten sagen, daß das selbstverständlich ist. Wenn es für Sie selbstverständlich ist, dann heißt das noch gar nicht, daß es auch für Ihren Partner selbstverständlich sein muß. In diesem Bereich hapert es zum Teil bedenklich, vorwiegend bei den Männern. Eine Frau hat über Monate hinweg jegliche sexuellen Beziehungen verweigert, weil sich ihr Mann nicht oder nur unzureichend gewaschen hat. Sie hat mir erzählt, daß sie der widerliche Schweißgeruch Ihres Partners richtiggehend abgestoßen habe. Lieber habe sie einen Krach in Kauf genommen, als daß sie «hingehalten» hätte. Tägliche Körperhygiene, abends eine Dusche oder mindestens eine gründliche Reinigung, gehört meines Erachtens zum «Tagesservice».

Ein weiteres Problem, das ich immer wieder feststelle, ist, daß in den meisten Schlafzimmern eine frostige Temperatur von 16–18 Grad herrscht. So muß man sich ja in eine Wolldecke einwickeln oder unter die Decke kriechen. Der Körperkontakt erhält damit eine verborgene Note. Wieso eigentlich? Wir haben unseren Körper und seine schönen Formen nicht erhalten, um ihn vor dem Partner unter der Decke zu verstecken. Zudem bin ich der Meinung, daß sich der sexuelle Kontakt auch nicht unter der Decke abzuspielen hat. Achten Sie demzufolge auf eine angenehme Raumtemperatur von etwa 22 Grad. Im Zeichen der Ölknappheit werden die Schlafzimmer eher unterbeheizt sein. Versuchen Sie, diese Temperatur mit einem Elektroheizkörper und geschlossenem Fenster zu erreichen.

Aufgaben

- Erinnern Sie sich an den sexuellen Kontakt während der ersten Ehejahre und vergleichen Sie zusammen mit Ihrem Partner die Art ihrer heutigen Beziehung.
- Versuchen Sie, alte, Ihnen von früher bekannte spielerische Formen der Zärtlichkeit neu anzuwenden.
- Beachten Sie auf alle Fälle folgende Gebote: Keine Feindseligkeiten, den Partner als Sexualpartner anerkennen, gute Körperhygiene, genügend warme Raumtemperatur.

Störungen im sexuellen Bereich sind heute häufiger anzutreffen als früher. Ehepaare, die in sexueller Hinsicht Schwierigkeiten und Probleme haben, sollten sich unbedingt frühzeitig mit einem Ehetherapeuten in Verbindung setzen. Es gibt genügend Beratungsstellen, die in der Lage sind, zusammen mit dem Paar nach neuen Wegen zu suchen.

8. Sinnvoll Streiten

Wir kennen alle die häßlichen Szenen, die sich während eines Streites zwischen einem Ehepaar abspielen. Auch wenn wir diese Szenen nicht am eigenen Leib erfahren haben, so werden wir bei verschiedenen Gelegenheiten immer wieder direkt damit konfrontiert. Haben Sie nicht auch schon ein Telefon aus Ihrer näheren Bekannten- oder Verwandtenumgebung erhalten mit folgendem Inhalt: «Jetzt hör Dir doch einmal an, was sich gestern mein Mann/meine Frau geleistet hat: ....» Kaum ist die Geschichte zu Ende erzählt, heißt es in der Regel: «Was meinst Du dazu? Findest Du das nicht auch ungeheuerlich?»

Helfen oder einmischen?

Was bleibt Ihnen wohl anderes übrig, als am Telefon schlicht «ja, du hast recht» zu sagen? Damit stecken Sie mitten in einer Auseinandersetzung, die dank Ihrer Bemerkung eine völlig neue und wenigstens für einen Teil der Betroffenen interessante Wende gefunden hat. In den meisten Fällen wird nämlich Ihre Bemerkung so verpackt dem Partner weitergegeben, daß diesem unmißverständlich klar wird, daß Sie Verbündeter des einen Partners geworden sind. Sie stecken so mitten in einem Konflikt, obwohl Sie 50, 100 oder 200 km weit entfernt wohnen.

Es ist in vielen Fällen «normal», daß sich ein Mann oder eine Frau Verbündete suchen, um gegen den andern Partner bestehen zu können. In fast jedem Streit, den ich in der Sprechstunde zu hören bekomme, fällt folgender Satz: «Die Nachbarin X oder die Tante Y findet auch, Du seiest...» Solche Momente werden bis ins Unendliche durchexerziert. Meistens enden diese Szenen vor dem Scheidungsrichter in Form einer Kampfscheidung, wo jeder Ehegatte seine Verbündeten als Zeugen ins Gericht schleppt und nun auch verlangt, daß er jene Aussagen bestätigt, die er vermeintlich vor einem oder zwei Jahren einmal gemacht hat.

Meine Frau und ich haben diesbezüglich eine interessante Erfahrung gemacht. Wir haben uns klar vorgenommen, daß wir versuchen, in solchen Situationen keine Partei zu ergreifen. Wir hören ja nur eine der beiden Meinungen. Diejenige des andern fehlt gänzlich. Wir haben in der Folge entweder erklärt, daß uns die Ansicht des andern eigentlich auch interessiere, bevor wir eine Stellungnahme abgeben möchten. Oder wir formulieren direkt, daß uns an der Äußerung jetzt doch einiges auffalle, das nach unseren Beobachtungen vielleicht nicht so tragisch und theatralisch zu verstehen sei, wie dies den Anschein machen könnte. Wir versuchten also, die uns gegenüber gemachten Aussagen zu relativieren. Der Erfolg dieser Aktion war unterschiedlich. Einige Bekannte gingen sofort darauf ein und fanden, daß diese Perspektive sicher zu überdenken sei. Andere hingegen bezichtigten uns der Parteinahme mit dem andern Partner. Ein kritisches Hinterfragen der gemachten Äußerungen wurde als eine Zumutung empfunden und der Kontakt fror ein. Wir riskierten damit, daß Freunde verloren gingen. Waren es wirklich Freunde?

Wir leisten niemandem einen Dienst, wenn wir uns in einen fremden Streit einmischen. Im Gegenteil, wir fachen damit das Feuer nur noch mehr an.

In diesem Zusammenhang stellt sich natürlich die Frage, wie denn Streitsituationen eines Ehepaares so geglättet werden können, daß nach dem Streit möglichst wenig Gefühle von Schmerz, Verbitterung, Unterlegenheit, Haß, Unzufriedenheit und vieles mehr zurückbleiben. Bevor wir uns aber den klärenden Möglichkeiten zuwenden, möchte ich, daß wir uns zuerst über den Sinn des Streites miteinander unterhalten.

Grund des Streites

Wenn ein Ehepaar miteinander zu streiten beginnt, wird in der Regel um eine Sachfrage gekämpft. Beide Parteien sind hundertprozentig sicher, daß ihre Meinung und Haltung stimmt und damit auch richtig ist. Meistens hat ja auch einer von beiden recht. Viele Probleme könnten einfach und sachlich gelöst werden, wenn nicht immer wieder die Gefühle eine entscheidende Rolle spielten. Sachfragen sind Fragen, die geklärt werden können. Wenn ein Mann behauptet, das Brot im Brotkorb sei grau geworden, dann kann er es beweisen, indem er es zum

Beispiel mit in die Therapie bringt. Ich werde ihm auch bestätigen müssen, daß das mitgebrachte Brot grau ist. Er erhält damit in mir einen nicht unwesentlichen Verbündeten. Bliebe es nur bei der Klärung der Sachfrage, ob das Brot grau sei oder nicht, dann könnte jetzt auch überlegt werden, was die Frau in dieser Situation dazu meint. Aber zu diesem Schritt kommt es meistens nicht, weil der Mann bereits losläßt und zwar wie folgt: «Siehst Du, es ist immer das Gleiche. Ich habe Dir schon hundertmal gesagt, Du sollst weniger Brot kaufen. Es wird jede Woche grau. Das ist einfach eine verdammte Schweinerei. So sieht nämlich Dein Haushalt aus. Überall wo ich hinsehe, liegt Staub, ist nicht aufgeräumt, die Schuhe vom Wochenende sind nicht geputzt und das Brot im Brotkorb wird grau. Der Therapeut sieht das auch und hat es mir sogar bestätigt.» Natürlich habe ich ihm bestätigt, daß das Brot grau ist. Nicht bestätigt aber habe ich ihm, daß ihm diese Tatsache nun soviel Macht über seine Frau geben darf, daß er sie im gleichen Atemzug seelisch fertigmachen darf. Er versucht, an Macht zu gewinnen. Damit will er unmißverständlich seine Frau gefügig machen. Er kennt ja die zu treffende Lösung bereits. Er will nämlich, daß seine Frau den Haushalt nebst ihrer beruflichen Arbeit so verrichtet, daß er sich nie mehr daran stoßen muß. Eine Forderung, die die Frau nie und nimmer erfüllen kann. Er wird zeit seines Lebens in irgend einer Ecke einen kleinen Brosamen finden, um die Frau im gezeigten Stil unter Kontrolle zu halten. Ich habe bereits angedeutet, daß die Frau ebenfalls beruflich tätig ist. Als Verkäuferin steht sie 48 Stunden pro Woche im Einsatz. Er hingegen als kaufmännischer Angestellter nur deren 44. Ist es ein «Vorrecht» der Frauen, bei gleichen Pflichten ungleiche Rechte zu haben? Ist es auch ihr Vorrecht, zuhause auch noch den ganzen «Dreck» zu machen, damit der Herr, der im Restaurant auf die Rückkehr der Frau wartet, sich zuhause gemütlich und genüßlich auf das Sofa legen kann, bis aufgeräumt, geputzt, gebügelt, gekocht, geflickt, genäht, gewaschen... ist? Recht haben wollen heißt in vielen Situationen Macht haben wollen, beherrschen wollen oder, noch krasser formuliert, unterdrücken wollen. Durch Klärung der Schuldfrage («hast Du dieses Brot grau werden lassen – ja oder nein?») und der nachfolgenden Machtdemonstration wird dem Partner psychisch Schaden zugefügt. Es muß ja nicht immer so kraß tönen und aussehen, wie gerade im beschriebenen Beispiel, aber beleidigt, verletzt oder Schmerz zugefügt wird in der

Regel immer. Leider gibt es viele Ehepaare, die nach diesem Prinzip miteinander umgehen. Durch die Klärung der Schuldfrage werden Machtgelüste amortisiert, die mit dem ursprünglich gestellten Problem überhaupt nichts zu tun haben. Die meisten der Streitenden wissen bereits nach 10 oder 15 Minuten nicht mehr, warum sie überhaupt zu streiten begonnen haben. Sie wissen aber noch haargenau, daß es ein fürchterlicher Streit war, der enorm weh getan hat. Es ist ja wahrhaftig keine Glanzleistung, wenn ich meinen Partner in die Ecke dränge und ihn dort so richtig nach allen gemeinen Möglichkeiten schikaniere und an die Wand spiele. Und eben gerade das wird gemacht.

Es gibt aber noch weitere Möglichkeiten, dem Partner nach allen Regeln zu schaden. Ich denke dabei an die lieben Bekannten, Verwandten und Nachbarn, die sich ja nur zu gerne an all den ehelichen Streitereien der andern laben. Sie sind ja auch oft leicht einsetzbar, wie ich bereits in der Einführung zu diesem Kapitel geschrieben habe. Durch ein gezieltes Verunglimpfen des Partners im gemeinsamen Freundeskreis füge ich ihm meistens nicht wiedergutzumachenden sozialen Schaden zu. Der Partner wird von den gemeinsamen Freunden gemieden, ausgestoßen und zum Teil verachtet. Was bleibt ihm anderes übrig, als seinerseits alle Brücken zu diesen ehemaligen Bekannten sukzessive abzubrechen?

Vor längerer Zeit besuchte ich regelmäßig eine Familie auf dem Land. Für diese Bauernfamilie wäre eine andere Form von Kontakt gar nicht möglich gewesen, denn die Therapiesitzungen mußten Woche für Woche neu festgelegt werden, weil alle Beteiligten zu verschiedenen Zeiten nach Hause kamen. Einmal war ich etwa eine halbe Stunde zu früh. Ich besuchte das nahegelegene Restaurant, um mich bei einem Kaffee auf die Sitzung vorzubereiten. Am Stammtisch hörte ich ein erregtes Gespräch. Mit meiner Vorbereitung war es aus. Als ich die Diskussion endlich verfolgen konnte, realisierte ich, daß die erzählten Geschichten sich auf «meine» Klienten bezogen. Fünf Bauern waren am Tisch anwesend. Einer schwieg. Die andern vier gerieten sich aber tüchtig in die Haare. Ich stellte dabei fest, daß zwei die Position der Frau und zwei die Position des Mannes vertraten. Sie stritten sich über Versionen, die sie angeblich gehört haben wollten und verteidigten die Positionen der Verbündeten bis zum letzten. Plötzlich stand der fünfte im Bunde auf, bezahlte und erklärte schnippisch: «Es wäre wohl gescheiter, wenn die beiden ihr Theater im Haus und nicht im Dorf zu lösen versuchten!» Für eine kurze Zeit war es still. Dann ging es munter weiter.

Eine dritte Möglichkeit, dem Partner Schaden zuzufügen, betrifft den wirtschaftlichen Bereich. Eine Frau, die sich von ihrem Mann völlig mißverstanden fühlt, telefoniert bei jeder Gelegenheit dem Mann ins Geschäft und blockiert ihn damit gänzlich. Im Extremfall muß der Mann riskieren, daß ihn sein Arbeitgeber eines Tages vor die Tür setzt. Ist damit der Konflikt gelöst?

Ich möchte an dieser Stelle noch auf eine andere Art Streit aufmerksam machen. Diese Art wird meistens von den Kindern ausgelöst. Ich denke dabei an all jene Situationen, bei denen wie aus heiterem Himmel die Stimmung innerhalb der Familie in wenigen Minuten umschlägt. Zum Beispiel: Nach einem friedlichen Campingnachmittag fährt die Familie abseits des Stoßverkehrs auf Nebenstraßen nach Hause. Die Kinder, leicht übermütig, stupfen einander und lassen sich auf kleine Boxkämpfe ein. Aus Unachtsamkeit schlägt einer der beiden Knaben etwas fester und trifft seinen jüngeren Bruder voll ins Gesicht. Die Nase blutet und (was in solchen Fällen immer dazugehört) in einer gehörigen Lautstärke beginnt er zu schreien. Die Eltern reagieren einstweilen nicht. Der Kleine, mit dem Gefühl, sich selber überlassen zu sein, revanchiert sich in einem günstigen Moment mit einem kräftigen Schlag in die Rippen seines älteren Bruders. Dieser läßt sich, auch aufgrund der drohenden Intervention des Vaters, nicht zweimal bitten und gleicht sofort wieder aus. Die Eltern werden nervös. Anfänglich versucht der Vater noch relativ zahm zu schlichten. Nachdem er feststellen muß, daß seine Interventionen von den Kindern überhaupt nicht wahrgenommen werden, verlegt er seine aggressiven Gefühle auf seine Frau, die scheinbar teilnahmslos neben ihm sitzt und sich von dieser Streiterei nicht beeindrucken läßt. Er kritisiert: «Warum sagst du nichts dazu? Ist es dir recht, wenn die Knaben sich den Schädel einschlagen? Typisch wieder, du sitzt hier und sagst nichts, während von mir verlangt wird, daß ich die Streithälse auseinanderpflücke und gleichzeitig noch Auto fahre.» Die Antwort: «Warum keifst du mit mir? Was kann denn ich dafür, daß es dir nicht gelingt, den Streit der Kinder zu schlichten. Warum soll ich jetzt schon wieder daran schuld sein?» Er: «Du kannst dich doch wirklich engagieren oder ist dir auch dies zuviel?» Sie: «Danke.» Die Kinder haben in der Zwischenzeit aufgehört. Offenbar war der Streit, der sich auf die Elternebene verschob, für sie spannender als die läppischen Querelen zwischen ihnen. Die Kinder werden inzwischen ihren Zank bereits vergessen haben. Nicht vergessen haben ihn hingegen die Eltern. Aus einer an sich banalen Sache entstand, dank den eigenen Emotionen, ein peinlicher Streit zwischen den Eltern. Ein Streit, bei dem man einander mehr sagt, als man eigentlich will.

Aus eigener Erfahrung wissen wir alle, daß fast jeder Streit enorm gefärbt ist von der persönlichen Stimmung der Streitenden. Fühlt sich jemand frustriert und kommt demzufolge ein Streit gerade gelegen, so wird man sicher Überlegungen und Informationen in den Streit einbeziehen, die mit der verursachenden Grundlage des Streites überhaupt nichts zu tun haben. Je mehr emotionale Informationen ich vom Partner übermittelt erhalte, umso aggressiver reagiere ich darauf. Ich lasse also die in mir aufgestauten, negativen Gefühle meinem Partner gegenüber auf diese mir günstig erscheinende Weise wieder ab. Somit ist das Konto meinerseits geregelt. Nicht aber jenes meines Partners. Er wird wohl oder übel versuchen müssen, zuerst mit meinen Vorwürfen fertig zu werden. Bei ihm ergibt sich bereits wieder eine Stauung. Wird er sie bei nächster Gelegenheit ebenfalls amortisieren? Die Beantwortung dieser Frage möchte ich Ihnen überlassen und Sie gleichzeitig bitten, sie zusammen mit den folgenden Fragen nach Ihrem nächsten Streit sich selber zu stellen:

Fragen zum Nachdenken

- Weshalb war ich bestrebt, Recht zu bekommen?
- Hatte ich einen echten Grund, mit meinem Partner ein «Hühnchen» zu rupfen?
- Hatte es sich gelohnt?
- Wer ging meines Erachtens als Sieger hervor?
- Hatte mein Partner mit seiner Argumentation wirklich so unrecht, wie ich ihm beweisen wollte?
- Was störte mich an der Art meines Partners?
- Weshalb stritten wir?

Richtig streiten

Nicht jeder Streit muß so verlaufen, wie ich Ihnen in den vorausgegangenen Seiten zu beschreiben versuchte. Es gibt auch Ehepaare, die konstruktiv streiten. Unter Umständen ist es enorm schwer und nicht einzusehen, daß ein Streit auch positive Seiten haben kann. Dazu ist eine Bedingung zu erfüllen, die in der Hitze des Gefechtes nur allzu gerne vergessen wird: wir haben uns bedingungslos an eine Toleranzgrenze zu halten, die die amerikanischen Autoren Bach/Wyden im Buch «Streiten verbindet» *Gürtellinie* nennen. Aber selbst hier erhalten wir wiederum Möglichkeiten, die Gürtellinie so tief einzustellen, daß unser Partner zum vorneherein keine Chance hat, sinnvoll zu streiten. Wir können natürlich alle aggressiven Äußerungen des Partners zum Beispiel mit Tränen beantworten. Der Partner wird sich nach mehrmaliger Erfahrung hüten, je wieder aggressiv zu sein. Wir können aber auch bei jedem Konflikt mitteilen, wie er uns jetzt verletzt hat und gleichzeitig mit noch stärkeren Geschützen auffahren. Es gilt auch hier, was überall gilt: Gemessen werden soll mit gleichen Maßstäben.

Ein 22-jähriger Schweizer, dessen Eltern ursprünglich Italiener waren, heiratete vor 2 Jahren eine etwas ältere Serviertochter. Nach einigen sonnigen Ehemonaten kam der erste Herbst. Sie fanden sich nicht mehr zurecht und verstanden einander auch nicht mehr. Der Mann legte sehr viel Wert darauf, immer und überall, trotz seines italienisch klingenden Namens, darauf hinzuweisen, daß er Schweizer sei. Die Frau freute sich an ihrem Beruf und an den vielfältigen Beziehungsmöglichkeiten, die sie tagtäglich neu erfahren konnte. Während eines häßlichen Streites, bei dem die Gürtellinie bereits kurz nach dem Beginn schon unterschlagen wurde, beschimpfte die Frau ihren Mann als «Tschingg», worauf dieser sofort mit «Dirne» quittierte. Beide wußten voneinander, daß diese beiden Bereiche für sie unantastbare Ehrbereiche darstellten. Im Finale dieses Streites durchbrachen sie auch diese Grenzen und verletzten einander auf schändliche Weise.

Es ist lohnend, sich einmal gründlich Gedanken zum Grenzbereich des Partners zu machen. Einerseits liefert er im täglichen Verhalten genügend Informationen, die es ermöglichen, die Toleranzgrenze festzustellen. Ich meine aber, daß es unumgänglich ist, die beiden Gürtellinien miteinander zu vergleichen. Erst wenn beide die eben festgelegten Grenzbereiche auch wirklich akzeptieren können, werden Schläge darunter vermeidbar. Ein Streit soll ja zur Klärung einer Sachfrage führen und nicht zur Verschärfung der ehelichen Spannungen. Erst eine nichtemotionale Streitbasis ermöglicht es mir, die an mich herangetragenen Informationen aufzunehmen oder gar als untragbar zurückzugeben.

Noch etwas fällt mir beim ehelichen Streit immer wieder auf. Viele hören gar nicht richtig zu, was der Partner sagen möchte. Sie verschließen ihre Ohren, kaum hat der Partner den Mund geöffnet. Sie hören lediglich die vorwurfsvollen Brocken und mischen sie in einem eigenen Verhältnis zusammen. Das Bild, das sie am Schluß erhalten, ist in vielen Streitsituationen überhaupt nicht zu vergleichen mit demjenigen des andern. In der Regel findet man immer ein Wort, an dem man sich stört. Dies genügt auch bereits, um dem Streit eine völlig neue Dimension oder Bahn zu geben. Zur Klärung der vorgehaltenen Vorwürfe kann es überhaupt nicht kommen, weil sich bekanntlich Schlag auf Schlag folgt. Hier wäre ein Stichwort, welches als gemeinsam vereinbartes Ventil zur sofortigen Beendigung des Streites verwendet werden könnte, mehr als nur am Platz. Das Stichwort sollte auch eingesetzt werden, wenn einer der beiden Streitenden die Gürtellinie des andern unterschlagen hat. Ein solches Stichwort könnte sein: «Stop, ich möchte hier nicht weiter streiten!» oder «Möchtest Du einen Kaffee?» oder «Ich fühle mich überfordert» oder was sonst noch alles an Ventilen möglich und denkbar ist. Auf keinen Fall darf ein Stichwort gewählt werden, das den andern beleidigen könnte. Dieses Stichwort muß zusammen ausgesucht werden. Beide müssen sich auch gegenseitig verpflichten, sofort nach Bekanntgabe den Streit abzubrechen. Ich will nicht, daß nachher der Streit zu Tode geschwiegen wird. Man kann sich zum Beispiel auf einen gemeinsamen Zeitpunkt einigen, wo zusammen nochmals miteinander über die ganze Angelegenheit gesprochen wird. Dabei gewinnen beide mit Sicherheit an Distanz und verlieren die oft häßlichen Emotionen. Beide erhalten damit die Möglichkeit, sachlicher miteinander umzugehen. Dann nämlich wird jeder seinen Partner fragen können, wie er es gemeint habe. Er wird sogar zuhören, denn jetzt geht es ja vorwiegend um die Klärung der Störung und nicht um ein unkontrolliertes Amortisieren von angestauten Aggressionen. Zu beachten sind bei einer Streitsituation die folgenden Spielregeln. Sie können als Richtlinien eingeprägt werden!

Spielregeln (aus Bach/Wyden: Streiten verbindet!)

- Ventil vereinbaren.
- Sachlich bleiben.
- In einer Atmosphäre der Vernunft zu streiten, bringt mehr Licht und weniger Hitze.
- Keine Schläge unter die Gürtellinie.
- Klärende Rückfragen stellen:
  «Was willst Du damit sagen? Was meinst Du damit?»
- Aktiv zur Klärung des Streitinhaltes beitragen:
  «Ich möchte Dir erklären, wie ich es aufgefaßt habe.»
- Kurze Argumentationen, damit der Partner Stellung dazu nehmen kann.
- Streit nach einer gewissen Zeit (z. B. 10 Minuten) abbrechen und neunen Streittermin festlegen.

9. Diskussionen um Geld und Gesetz

Fragen und Probleme rund um das Geld gehören überall zu den vieldiskutierten Themen. Geld spielt bei vielen Leuten eine entscheidende, wenn nicht die wichtigste Rolle. Haben oder nicht Haben ist oft gleichbedeutend wie Sein oder nicht Sein. Was sich der Nachbar leistet, muß man sich auch leisten, koste es, was es wolle. Was es dann wirklich kostet, zeigt oft ein einziger Blick hinter die Kulissen.

Die mühsam zusammengesparten Ferien, die den Duft der großen weiten Welt vermitteln sollten, sind nicht unbedingt das Erholsamste für abgearbeitete Väter und Mütter. Und an die Kinder denkt man sowieso zuwenig. Für sie gibt es wohl interessantere Aufenthaltsorte als ein Liegestuhl am Strand in der zehnten Reihe. «Das ganze Jahr schuftet man sich zu Tode, damit man der Familie etwas bieten kann, und muß dann noch hören, daß die Ferien ‹Scheiße› waren.» Das war der Kommentar eines Vaters zum Thema Ferien. Man ist zwar «in», aber trotzdem unbefriedigt. Vielleicht wäre es besser, man würde sich die Ferien nach den eigenen Bedürfnissen zusammenstellen, anstatt sie fixfertig aus dem Ferienprospekt zu kaufen. Das gilt eigentlich für alle Bereiche, die wir uns mit Hilfe des Geldes zugänglich machen. Es wäre meiner Meinung nach viel sinnvoller, eine Familie würde über ihre ganz persönlichen Wünsche und Bedürfnisse nachdenken, anstatt immer auf die Nachbarn und die Allgemeinheit zu schielen. Vielleicht muß man im Kleinen anfangen und sich den Mut zur Selbständigkeit erwerben.

Kredite und Schulden

«Damit Sie immer Klingendes haben...» «Wir vermitteln Ihnen das nötige Kleingeld... diskret und problemlos...» so werden wir heutzutage dauernd umworben. Nach dem Motto «kaufe heute, bezahle morgen» machen sich viele Kaufhäuser attraktiv. Es tönt ja wirklich verlokkend und einfach. Daß man aber so großzügige Dienste nicht kostenlos beanspruchen kann, steht auf keinem Werbeprospekt. Und auf Kredit gekaufte Autos sind leider manchmal schon schrottreif, bevor die letzte Rate bezahlt ist. Ein Familienvater mit einem monatlichen Einkommen von 2400.– kaufte für 12000.– einen Neuwagen auf Kredit. Drei Monate nach dem Kauf verursachte er einen Selbstunfall; das Auto war schrottreif. Eine Vollkaskoversicherung lag ja neben der monatlichen Abzahlungsrate von 250,– nicht mehr drin! In vier Jahren wird der Wagen abgezahlt sein. Wirklich, ein teures Vergnügen!

Mit oder ohne Budget?

Eine gute Möglichkeit, die eigenen finanziellen Verhältnisse im Griff zu behalten, ist ein Ausgabenbudget. Die festen Ausgaben, die jeden Monat gemacht werden müssen, werden vom Lohn abgezogen, der Rest wird nach persönlichen Wünschen und Bedürfnissen eingeteilt. In der Schweiz gibt es in den meisten Orten Budgetberatungsstellen, die jedermann zugänglich sind. Speziell ausgebildete Leute helfen dort jedermann, sein ganz spezielles Budget zusammenzustellen. Für jeden Ausgabenbereich gibt es Durchschnittszahlen, die eine Kontrolle des eigenen Geldverbrauchs ermöglichen. Ich finde diese Beratungsstellen sehr sinnvoll; sie sollten viel mehr benützt werden. Ich finde, es zeugt gar nicht etwa von persönlichem Unvermögen, wenn sich jemand finanziell beraten läßt, im Gegenteil. Wenn einem etwas wehtut, geht man schließlich auch zum Arzt.

Wer verwaltet das Geld?

Ich erlebe oft, daß Frauen gar nicht wissen, wieviel ihr Mann verdient. Sie geben sich alle Mühe, das ihnen zugeteilte Haushaltungsgeld redlich einzuteilen. Die betreffenden Ehemänner halten sich selber für die besten Finanzverwalter. Das mag in gewissen Fällen begründet sein. Nur sollten sich so «unersetzliche» Männer gelegentlich überlegen, was passiert, wenn sie einmal wegen Unfall oder Krankheit längere Zeit ausfallen.

Vielleicht verleiht die Rolle des (allmächtigen) Finanzverwalters gewissen Männern angenehme Überlegenheitsgefühle. Ich frage mich dann nur, weshalb solche Männer überhaupt geheiratet haben. Sie hätten wohl besser eine Haushälterin eingestellt.

Zu diesem Thema gehört ja auch das Taschengeld. Ich bin der Meinung, daß beide Partner einen gewissen Betrag zur freien Verfügung haben sollten. Die Höhe dieses Betrages muß jedes Ehepaar selber bestimmen.

Was bestimmt das Gesetz?

Das heute allgemein gültige Eherecht regelt die finanzielle Seite auch eher zugunsten des Mannes. In Österreich zum Beispiel gilt folgende Regel bezüglich des Güterstandes: «Wenn die Ehegatten keinen Ehegütervertrag abschließen, so gilt der gesetzliche Güterstand der *Gütertrennung*. Jeder Ehegatte behält nicht nur «sein voriges Eigentumsrecht», d. h. das in die Ehe Eingebrachte, sondern auch, was er «während der Ehe erwirbt, und auf was immer für eine Art überkommt», also geschenkt erhält oder erbt (§ 1237 ABGB). Das entgeltlich erworbene Gebrauchsvermögen wird bei Scheidung, Aufhebung oder Nichtigerklärung der Ehe freilich geteilt. Nach § 1247 ABGB gilt die widerlegbare Vermutung, daß Schmuckstücke, die der Mann seiner Gattin «zum Putze gegeben hat», im Zweifel nicht für gelehnt, sondern für geschenkt anzusehen sind.

Wird die Ehe anders als durch den Tod aufgelöst, so sind das «eheliche Gebrauchsvermögen» (insbesondere Ehewohnung und Hausrat, nicht jedoch persönliche Gebrauchsgegenstände, Betriebsvermögen, dem Beruf dienende Sachen) und eheliche Ersparnisse nach *Billigkeit* aufzuteilen, soweit sie während der Ehe (entgeltlich) erworben wurden. Dabei ist nicht auf das Verschulden an der Trennung, wohl aber auf den Beitrag zur Anschaffung bzw. Ansammlung Bedacht zu nehmen, der auch mittelbarer Natur (durch Unterhalt, Mitarbeit, Haushaltführung, Kindersorge etc.) sein kann. Soweit sich die Ehegatten nicht einigen, entscheidet das Gericht; allerdings nicht mit dinglicher Wirkung.»

Diese Ausführungen sind alles andere als klar und eindeutig. Besser sind derzeit die Zukunftsaussichten in der Schweiz. Das seit 1907 gültige

Eherecht erfährt eine Revision. Bisher galt als allgemeiner Güterstand die *Güterverbindung*. Sie besagte, daß der Mann im Sinne der Verwaltung über das Vermögen verfügen kann. Selbst das eingebrachte Frauengut wurde von ihm verwaltet, wobei ihm dazu noch das Nutzungsrecht (Gebrauch der Zinsen) eingeräumt wurde. Die Rechte der Frauen wurden sehr restriktiv gehandhabt. So zum Beispiel erfuhr manche Frau, daß sie ohne Einwilligung des Mannes vom Sparheft (so es nicht auf den Namen der Frau ausgestellt war) gar kein Geld abheben durfte. Manche Männer nützten diese Gelegenheit und ließen die Bezugsberechtigung der Frau sperren. Auch im Falle einer Trennung oder Scheidung wurde das eheliche Vermögen einseitig aufgeteilt. Die Frau erhielt einen Drittel, während der Mann zwei Drittel zugesprochen erhielt. Diese Regelung wird mit hoher Wahrscheinlichkeit noch bis Mitte der achtziger Jahre Gültigkeit haben.

Anders ist es im neuen Entwurf. Anfangs November 1979 veröffentlichte der Bundesrat den Revisionsentwurf des neuen Ehe- und Ehegüterrechts. Dazu äußerte sich Bundesrat Furgler in einem Interview wie folgt: «Wir wollen nicht normierte Ehepartner. Wer im Bereich der Ehe und Familie Recht setzt und Recht spricht, muß einen tiefen Respekt vor dem Menschen als Persönlichkeit und als Glied der Gemeinschaft haben. Dieser Mensch ist überall, von der Familie über den Betrieb, die Gesellschaft, die Gemeinde bis zum Kanton und Bund auf Partnerschaft angelegt. Und Partnerschaft in der Ehe, im Beruf und im Staat ist nur möglich, wenn der Respekt vor Persönlichkeit und Beziehungen mitbestimmt. Der Respekt vor dem Menschen verlangt, daß wir seinen Freiheitsraum schützen. Dieser Aufgabe dient das Recht. Es hat den Freiraum abzuschirmen, dessen der einzelne Mensch und die Gemeinschaft zur Selbstverwirklichung bedürfen. Der Rechtsstaat macht diese Überlegung zur Grundnorm seines Wirkens.»

Der Staat will also durch ein zeitgemäßes Eherecht die Position der Familie stärken, denn (so Bundesrat Furgler) «die Achtung und Wertschätzung, die ein Staat der Familie entgegenbringt, ist ein Gradmesser für die Lebenskraft der staatlichen Gemeinschaft selbst». Die neuen Bestimmungen sind darauf ausgerichtet, daß die Ehegatten die ehelichen Lasten, ein jeder nach seinen Kräften, gemeinsam tragen und ihren Beitrag durch Geld oder Sachleistung, durch Besorgung des Haushaltes und Betreuung der Kinder entrichten. Mann und Frau sollen in Zukunft gemeinsam Verantwortung und Befugnisse teilen. Dem Mann soll auch nicht mehr allein das Recht zustehen, die Wohnung zu bestimmen, der Frau die Berufsarbeit zu gestatten oder zu verbieten, ihr einseitig die Schlüsselgewalt zu entziehen. Eine grundlegende Änderung liegt auch darin, daß der Mann das eheliche Vermögen nicht mehr allein verwalten und nutzen kann. Mann und Frau behalten das Sondergut, das sie mit in die Ehe gebracht haben. Sie beteiligen sich in Zukunft je zur Hälfte an dem, was sie während der Ehe einbringen, ausgenommen bleiben die erbschaftlichen Vermögenswerte. Die Hausarbeit der Frau wird insofern aufgewertet, als diese als ebenbürtiger Beitrag zum Unterhalt der Familie anerkannt wird, wie die Berufsarbeit des Mannes. Ob der Gesetzesentwurf so beschlossen wird, ist noch offen. Wir werden es in einigen Jahren wissen.

Überall dort aber, wo keine allgemein faire gesetzliche Regelung vorliegt, kann mit einem Ehevertrag der unbefriedigende Zustand geregelt werden.

Der Sinn der Gütergemeinschaft besteht darin, daß dem nicht verdienenden Ehepartner die gleiche Ausgangslage geschaffen wird. Eine Frau, die zeitlebens zuhause die Arbeit verrichtet, leistet einen ebensowichtigen Familienbeitrag wie der Mann, der seine Arbeit am Arbeitsplatz außerhalb der Familie verrichtet. Es ist einfach unfair, wenn auch in diesem Bereich die Frauen einseitig benachteiligt werden. Noch letzten Sommer haben meine Frau und ich beschlossen, unsern allgemeinen Güterstand mittels Ehevertrag auf eine gleichberechtigte Basis zu stellen. Gleichzeitig haben wir einander mittels Testament gegenseitig so abgesichert, daß beim Todesfall des einen der Vorschlag, mit Ausnahme des gesetzlichen Pflichtteils für die Kinder, voll zugunsten des andern Partners verbleibt. Mann und Frau arbeiten beide am gleichen Ziel; beide sollen gleiche Pflichten, aber auch gleiche Rechte haben.

Fragen zum Nachdenken

- Haben wir in unserer Familie ein Budget?
- Wer bestimmt, welche Ausgaben gemacht werden?
- Wie haben wir die Taschengeldfrage geregelt?
- Wo liegen die Ausgabenposten, die eigentlich unnötig wären?
- Werden Anschaffungen besprochen und geplant?
- Was für einen Güterstand haben wir?
- Weiß ich, was der Güterstand für mich bedeutet?
- Kann ich mit meinem Partner über allfällige andere Möglichkeiten sprechen?
- Bin ich bereit, meinem Partner eine neue Stellung in rechtlicher Hinsicht einzuräumen?

Die Entwicklung des Partnerschaftsgedankens ist heute sicher nicht überall gleich weit fortgeschritten. Für viele Ehepaare sind diese Überlegungen auch fremd. Man kann sich aber orientieren lassen. Die Notariate geben die nötigen Auskünfte und können auch weiterhelfen. Wenn wir schon immer den Gedanken der Partnerschaft verfolgen, dann dürfen wir den rechtlichen Teil nicht ausklammern. Kein Ehegesetz wird Fairness vorschreiben können. Jedes Ehepaar muß selber eine faire Lösung finden.

10. Offene Ehe – was ist das?

Falsche und...

Wie viele andere Schlagworte geistert auch der Begriff «offene Ehe» in manchen Köpfen herum. Daß damit viele falsche Vorstellungen verbunden sind, möchte ich gleich anschließend zeigen.

In einer offenen Ehe kann jeder tun und lassen, was er will. Keine festen Verpflichtungen mehr, sexuelle Freizügigkeit, Selbstverwirklichung ohne Rücksichtnahme... Läßt sich mit diesen Voraussetzungen eine Ehe leben?

Eine Ehepaar kam in die Sprechstunde. Die beiden waren seit fünfzehn Jahren verheiratet. Gleich zu Beginn erklärte der Mann voller Stolz, seine Frau und er hätten zuerst versucht, ihre Eheschwierigkeiten selber zu lösen, indem sie «ihre Ehe nach außen öffneten». Seit einiger Zeit sei ihre sexuelle Beziehung gestört. Um herauszufinden, an wem das liegen könne, suchten sich beide einen anderen Sexualpartner. Sie bewohnten aber weiterhin zusammen mit ihren halbwüchsigen Kindern eine gemeinsame Wohnung. Ihre persönlichen Kontakte beschränkten sich aber immer mehr. Sie verstanden sich immer besser mit ihren außerehelichen Partnern, wobei die Frau mit ihrer neuen Beziehung mehr Glück hatte als der Mann. Der Versuch, die Ehe zu reparieren, hatte das Gegenteil bewirkt.

Es ist natürlich klar, daß eine offene Ehe etwas anderes meint, als die Flucht nach außen. In einer wirklich offenen Ehe müssen vor allem die Partner gegenseitig völlig offen sein. Offen für Veränderungen des anderen, aber auch offen für sich selber. Auf dieser Grundlage läßt sich dann auch eine Öffnung nach außen vollziehen. Eine Öffnung für andere Menschen mit anderen Problemen und Anschauungen, vielleicht sogar ein Engagement für Leute außerhalb der eigenen Familie. Einer solchen Beziehung sind praktisch keine Grenzen gesetzt. Durch die Gemeinschaft mit anderen wächst die Partnerbeziehung, vorausgesetzt man ist gegenseitig wirklich offen. Ich möchte an dieser Stelle nicht weiter auf das Thema eingehen. Wer sich weiter interessiert, dem sei das

Buch von Nena und George O'Neill, Die offene Ehe, Rowohlt Taschenbuch 6891, sehr empfohlen.

...falsche Vorstellungen

Eine andere, traditionellere Ehevorstellung ist in unseren Breiten viel mehr verbreitet. «Ich bin du – du bist ich – wir sind eins», so könnte man die verschiedenen idealen Vorstellungen von absoluter Gemeinsamkeit beschreiben. Wie gut sich dieses Ideal verwirklichen läßt, soll ein nächstes Beispiel zeigen.

Vor einiger Zeit meldete sich ein junges Paar mit zwei vorschulpflichtigen Kindern. Es war seit sechs Jahren verheiratet. Der Mann ist von Beruf Techniker. Seine Frau, auf dem Lande aufgewachsen, besuchte «nur» acht Jahre die Primarschule. Sie war sehr unsicher, scheu und zurückgezogen. Als sie ihren Mann kennengelernt hatte, begann für sie erst das Leben. Durch ihn wurde sie jemand und plötzlich auch von ihren Kolleginnen beachtet. Er konnte ihr eine gehörige Portion Selbstsicherheit vermitteln und übernahm von Anfang an die Führerrolle. Sie betete ihn an und erfüllte all seine Wünsche. Sie fühlte sich eins mit ihm und lebte nur für ihn. Mit der Zeit aber begann sich etwas in ihr zu verändern. Sie gewann an Eigenständigkeit und zusehends auch an Selbstsicherheit. Sie begann, eigene Wünsche zu realisieren und sie auch zu formulieren. Sie fand nicht mehr alles, was ihr Mann von ihr verlangte, über jeden Zweifel erhaben. Sie erkannte ihren persönlichen Wert und begann, am damals festgelegten Eheideal zu rütteln. Sie wollte neben ihrem starken Mann auch eine ihr angemessene Position erreichen. Diesem aber gefiel die Entwicklung seiner Frau gar nicht. Er begann, an der Identität seiner Frau zu zweifeln und warf ihr vor, sie spiele mit ihm ein böses Spiel und lehne ihn ab. Er würde sich nicht wundern, wenn sie einen Freund hätte. Unter fadenscheinigen Vorwänden begann er, jeden Tag drei- oder viermal zu telefonieren. Abends, wenn die Frau in einen Kurs ging, fuhr er mit dem Auto hinterher und kontrollierte, ob sie auch wirklich ins Kurslokal ging. Er verlangte totale Rechenschaft über alles, was sie unternahm. Ein ursprünglich hochgepriesenes Ideal einer offenen Ehe – «wir sagen einander alles» – artete aus in krankhafte Eifersuchtsszenen und unerträgliche Kontrolle. Die Frau ihrerseits war in einer zwiespältigen Situation. Einerseits war sie nach wie vor einem Eheideal verpflichtet, das von ihr verlangte, nur für Mann und Kinder dazusein. Andererseits konnte sie ihre Ansprüche auf Eigenständigkeit und Selbstverwirklichung nicht verleugnen. Ich möchte hier nicht auf die Einzelheiten der Therapie eingehen, die in diesem Fall angezeigt waren. Zur Hauptsache ging es um einen Prozeß der Entidealisierung, in dem das geflügelte Wort «Ich bin du – du bist ich – wir sind eins« einem andern Platz machen mußte. Man könnte es so umschreiben: «Ich bin ich – du bist du – gemeinsam sind wir auf dem Weg.»

«Die Ehe ist die beste Schule der Selbstverleugnung.» Das ist eine andere gängige Ehevorstellung. Angenommen, es gelingt zwei Menschen tatsächlich, nach diesem Prinzip zu leben und sich dem anderen zuliebe völlig zu verleugnen, was wäre wohl das Resultat? Zwei ziemlich gesichtslose, uninteressante Menschen, die sich nichts mehr zu sagen haben und sich fragen, was sie wohl einst am anderen so anziehend fanden. Meistens wird es aber nicht so ausgehen. In der Regel wird doch der Stärkere vom Schwächeren möglichst viel Anpassung und Selbstverleugnung verlangen. Vielleicht wehrt sich der Schwächere, vielleicht auch nicht. Vielleicht gelingt es ihm auch, eine Zeit lang so zu leben. Lange wird aber dieses Ungleichgewicht mit Namen «Ehe» nicht halten.

Es ist mir klar, daß in jeder Partnerschaft Verzichte und Opfer nötig sind. Aber diese Verzichte sollten nach gegenseitiger Absprache geleistet werden und nicht, weil man meint, nach irgendeinem seltsamen Eheideal leben zu müssen.

Jedes Ehepaar beginnt einmal mit einer Idealvorstellung. Ich weiß das aus eigener Erfahrung. Die nötige Korrektur kommt dann ziemlich schnell. Auch meine Frau und ich mußten feststellen, daß einige unserer idealen Ziele nicht erreichbar waren. Unsere Täuschungen korrigierten sich, oder negativ formuliert: Wir enttäuschten uns. Die Enttäuschung führte zur Realität. Über diese harte Ernüchterung stolpern viele. Für manche folgen Phasen der Revolution, der Krisen, Konflikte und schlußendlich der Resignation. Diese Phase der Ent-täuschung, die zur

Realität führt, ist aber ein guter Grundstein für den Aufbau einer wirklich offenen Ehegemeinschaft.

Vertrauen ist wichtig...

Die Enttäuschung zwingt mich zur Auseinandersetzung mit den Tatsachen, wie sie sind. Ich lerne meinen Partner in seiner Individualität kennen und akzeptieren. Ich löse mich von einer ungesunden Verschmelzung und gebe ihm und mir die Chance, uns gegenseitig neu zu finden. Wir gewinnen Distanz. Das heißt, wir lernen, daß wir nicht alles um jeden Preis gemeinsam ausführen müssen. Wir lernen, daß jeder Anrecht auf einen Eigenbereich hat, ohne daß dieses Anrecht zu einem Freipaß wird. Ich sehe den Eigenbereich so, daß er Raum bietet zur Persönlichkeitsentfaltung und -entwicklung, den Rahmen der ehelichen Gemeinschaft aber nicht sprengt, sondern letztlich bereichert. Jeder kann aus seinem Eigenraum schöpfen und sich neu und anders in die Ehe einbringen.

Das Hauptmerkmal einer offenen Ehe scheint mir ein absolutes, gegenseitiges Vertrauen zu sein. Zu diesem Vertrauen kann ich aber erst kommen, wenn ich nicht mehr versuche, meinen Partner zu manipulieren. Die gegenseitigen Täuschungsmanöver müssen ausgeschaltet werden. Beide Partner müssen einander so akzeptieren können, wie sie wirklich sind. Aus diesem Vertrauen heraus können wir dem Partner auch zugestehen, daß es Dinge gibt, die sein ureigenster Besitz sind und bleiben. Nicht nur das Taschentuch, die Zahnbürste oder der Lippenstift gehören dazu, sondern auch die Brieftasche und der Schreibtisch des Mannes, die Handtasche und die Kommode der Frau. Dann sollte es nicht mehr vorkommen, daß ein Ehemann alle an ihn adressierte Post in ein nur ihm zugängliches Postfach umsenden läßt. Jeder Ehegatte hat dem andern Achtung und Respekt vor dessen Persönlichkeit zu bezeugen.

...und Freiraum

Ein weiterer wichtiger Punkt betrifft den persönlichen Freiraum. In einer offenen ehelichen Gemeinschaft soll jeder Partner seinen individuellen Freiraum haben. Dieser Freiraum soll nicht nur akzeptiert, sondern auch gefördert werden, auch wenn er einen ungewöhnlichen persönlichen Einsatz erfordert. Einen solchen Einsatz erfuhr ich am eigenen Leib: Freudestrahlend verkündete ich meiner Frau, daß ich mich zwecks persönlicher Weiterbildung für einen Kongreß im Ausland angemeldet hätte. Ich zeigte ihr das Programm und versuchte, mit ihr alles weitere an organisatorischen Fragen zu besprechen. Mir fiel dabei auf, daß sich meine Frau relativ ruhig verhielt. Als ich endlich fertig erzählt hatte, sagte sie ganz ruhig: «Ich freue mich für Dich, daß Du Dich weiterbildest. Aber wie sieht das eigentlich mit mir aus? Hätte ich nicht auch ein Recht, mich weiterbilden zu können?» Ich kratzte mich etwas verlegen am Kopf. Sie stellte mir die Frage so sachlich, daß ich gar nicht wußte, wie und was ich ihr antworten sollte. Eigentlich hatte sie recht. Wieso soll sich eine Hausfrau nicht auch weiterbilden? Ist es nicht enorm wichtig, daß sich eben gerade eine Hausfrau weiterbildet, sie, die doch wichtigste Bezugsperson der Kinder darstellt? Da kam mir die für mich und die Situation vermeintlich rettende Antwort: «Natürlich, ich finde Deinen Vorschlag eigentlich richtig. Nur kannst Du nicht mich für Deine Weiterbildung verantwortlich machen. Ich glaube, daß Du Dich um diese Sache wirklich selber kümmern mußt!» Soweit so gut. Wir vereinbarten, daß sie sich intensiver darum kümmern und sich bei einem entsprechenden Kurs auch anmelden sollte. Das Schicksal wollte es, daß es ein Kurs war, der von Montag bis Freitag dauerte. Wem sollen wir wohl während dieser Zeit unsere drei kleinen Kinder geben? Nach einigem Hin und Her war es klar, daß ich zu diesem Zweck eine Woche Ferien einzuziehen hatte. Den ersten Tag brachten die Kinder und ich schadlos über die Runden. Für den zweiten Tag war ich für ein Ausflugsprogramm besorgt, welches ebenfalls ein recht positives Echo fand. Am dritten Tag begann ich zu begreifen, was es heißt, Hausfrau und Mutter zu sein. Meine Kinder spurten nicht mehr so, wie ich es mir vorstellte. Windeln auswaschen, betten, putzen, Streit schlichten, Blumenvase flicken, abwaschen, kochen, posten, planen, Geschichten erzählen... Mein Kopf begann zu brummen. Meine Stimmung hat sich sicher auch auf die Kinder übertragen. Am vierten Tag gab es Tränen bei den Kindern und am fünften Tag brachte ich sie der Schwiegermutter mit dem Vorwand, ich müsse nachmittags meine Frau im Bildungshaus abholen. Die Erfahrungen eines temporären Hausmannes haben mir gut getan. Seither weiß ich, was es bedeutet, immer um die Kinder herum zu sein. Ich weiß, daß Kinder nicht nur schöne Seiten haben. Ich weiß aber auch, daß meine Frau einen Freiraum nötig hat, um wieder richtig auftanken zu können. Ihre Kasperlifiguren waren denn auch wirklich eine Bereicherung für die ganze Familie. Meine Frau hat an diesem Kurs andere Menschen kennengelernt, in Diskussionen neue Impulse erfahren, Erfahrungen ausgetauscht und Erlebnisse mit nach Hause gebracht, von welchen sie noch lange gezehrt hat. Es ist an mir, meiner Frau zu helfen, solche Möglichkeiten zu realisieren. Und zwar nicht nur finanziell, sondern auch durch einen persönlichen Einsatz. Über eines müssen wir uns alle jedoch im klaren sein: Auch eine offene Ehe läuft Gefahr auseinanderzubrechen. Vielleicht ist die Gefahr sogar noch größer als sonst, weil auch der Spielraum für den einzelnen Partner größer wird. Wichtig für eine offene Ehe ist deshalb die Forderung, daß sich beide Teile dauernd über ihre Entwicklung im klaren sind. Dies bedingt aber auch eine gegenseitige Offenheit und einen regelmäßigen Gedankenaustausch. In diesem Sinne ist es sehr zu empfehlen, daß sich ein Paar regelmäßig, etwa jeden Monat einmal, Zeit zu einer Aussprache nimmt, die eine laufende Standortbestimmung ermöglicht und ein unkontrolliertes Auseinanderleben verhindert. An diesem «heiligen Abend», wie ich ihn gerne zu nennen pflege, gibt es weder Besuch noch Störungen durch die Kinder. Das Paar sollte möglichst ungestört und in gemütlicher Atmosphäre die vergangene Zeit nochmals überdenken und auch kritisieren können. Aus den Fehlern der unmittelbaren Vergangenheit kann die unmittelbare Zukunft, das heißt die nächsten paar Wochen, gestaltet werden.

In letzter Zeit hat sich mehr und mehr der Gedanke von Eherunden durchgesetzt. Ich habe diesbezüglich von recht unterschiedlichen Erfahrungen gehört. Von einigen Gruppen weiß ich, daß es in relativ kurzer Zeit zu unschönen Sticheleien gekommen ist, weil sich die Frauen in einem Wettstreit im Überbieten von Speise und Trank verloren haben. Es ist nicht der Sinn dieser Abende, daß gegessen und getrunken wird. In Eherunden soll mit gleichgesinnten Paaren (höchstens 4–5 pro

Gruppe) über Alltagsprobleme und Lösungsmöglichkeiten diskutiert werden. Dabei darf das Thema nicht dem Zufall überlassen, sondern soll vor Ende der jeweiligen Runde für die nächste Begegnung festgelegt werden. Es wird nur durch eine straffe Führung möglich, daß die Eherunde nicht zu einer Kaffeeklatsch- oder Sportkommentarrunde degradiert wird. Eine solche Gruppe sollte meines Erachtens auch höchstens ein Jahr (10 Sitzungen) dauern und anschließend für eine bestimmte Zeit aufgelöst werden. Alle Gruppen zeigen nach einer gewissen Dauer Müdigkeitserscheinungen. Solche Momente sind, werden sie nicht erkannt, störend und verhindern eine positive Entwicklung. Absolut wichtig ist aber, daß alles, was in der Gruppe passiert und diskutiert wird, auch bei den Gruppenmitgliedern bleibt und nicht nach außen getragen wird. Das bedingt ein absolutes gegenseitiges Vertrauen, das nur erreicht werden kann, wenn sich alle Mitglieder akzeptiert fühlen. Auch ist es klug, ein- oder zweimal einen außenstehenden Berater in die Gruppe zu holen und mit ihm über den Gruppenprozeß zu diskutieren. Bricht innerhalb einer Gruppe eine Paarbeziehung auseinander, dann dürfen sich die übrigen Mitglieder nicht als Retter in der Not verstehen. Es gibt genügend geschulte Ehe- und Familientherapeuten, die weiterhelfen können.
Eine wirklich offene Ehe bringt zwangsläufig eine größere Unruhe. Nur durch einen intensiven gegenseitigen Austausch können Fehlentwicklungen frühzeitig erkannt und korrigiert werden. Dieser Austausch mag eine ständige Herausforderung bedeuten. Letztlich aber bringt er neue

Fragen zum Nachdenken

- Was verstehe ich unter «offener Ehe»?
- Was für einen Kontakt haben wir im Freundeskreis?
- Ist unser gegenseitiges Nehmen und Geben in einem ausgewogenen Verhältnis?
- Schenken wir einander volles Vertrauen oder habe ich hin und wieder Zweifel?
- Haben beide genügend Freiraum zur Verfügung?

Dimensionen in eine Ehegemeinschaft. Eine offene Ehe leben bedeutet nicht, daß jedes seinen persönlichen Bedürfnissen freien Lauf läßt. Offene Ehe will vielmehr heißen, gegenseitig offen zu sein.

11. Zuwenig oder zuviel Freizeit?

Ich habe in früheren Kapiteln bereits auf dieses für viele Familien neuralgische Thema hingewiesen. Ich möchte an dieser Stelle nochmals darüber schreiben, weil ich immer und immer wieder damit konfrontiert werde.

Einmal stelle ich fest, daß es Männer und Frauen gibt, die mit ihrer Freizeit nichts anzufangen wissen. Oft sitzen die Männer tageweise auf dem Sofa und lesen die Zeitung bis zum Überdruß. Einige unter ihnen schlafen dabei auch ein, sehr zum Leidwesen der übrigen Familienmitglieder, denn wehe, wenn sie sich nicht ruhig verhalten. Ist diese Art von Erholung nicht eher Tyrannei? Aber auch viele Frauen pflegen eine unbefriedigende Freizeitgestaltung. Sie lesen in den bunten Heften der Regenbogenpresse und hadern stundenlang mit ihrem Schicksal. Neulich verirrte ich mich vormittags in ein Café. Ich suchte mir eine stille Ecke aus und blätterte aufmerksam in der Morgenzeitung. Es vergingen keine 10 Minuten, und schon war der Tisch neben mir besetzt mit Hausfrauen, die sich offenbar täglich zum Kaffee treffen. Diese Kaffeerunde werde ich nicht so rasch wieder vergessen. Jede der fünf Frauen beklagte sich über ihren Ehemann. Jede wußte mehr zu berichten als die andere. Jede hatte das härtere Schicksal. Ich blieb sitzen und horchte eine volle Stunde lang. Plötzlich zückte eine ihr Portemonnaie und verkündete den andern: «So meine Lieben, ich muß heim und kochen gehen. Mein Mann kommt heute früher nach Hause. Er hat mich angefragt, ob ich heute nachmittag mit ihm an eine Ausstellung komme. Ich muß noch einkaufen und betten, sonst werde ich nicht fertig!» Ich schaute auf die Uhr und stellte fest, daß es mittlerweile 11.15 Uhr geworden war. Was hatte diese Frau wohl den ganzen Vormittag getan?

Ich kenne aber auch das andere Extrem. Da ist ein Mann, der abends nach seiner Arbeit zuhause bis nachts um 10 Uhr Geigenunterricht erteilt und am Samstag und Sonntag sich ebenfalls zum Spielen von der Familie trennt. Oder ich erinnere an das Beispiel des Spitzensportlers, der neben seinem Training und den Wettkämpfen für die Familie ebenfalls keine Zeit mehr übrig hatte. Fitsein ist alles, sagen sich viele und lösen eine Jahreskarte eines Fitnessclubs. Um die Karte auch ausnützen zu können, wird nun dreimal pro Woche der Club frequentiert, neben dem obligaten Herrenabend am Freitag, der jeweils bis in die frühen Morgenstunden dauert.

Frauen haben bedeutend weniger Möglichkeiten als die Männer, vor allem dann, wenn noch kleine Kinder vorhanden sind. Und doch erzählte mir eine Frau, daß sie mit ihrer Keramikmalerei derart ausgelastet sei, daß sie fast jeden Abend einen Babysitter benötige. Viele Kinder werden aber oftmals abends einfach ihrem Schicksal überlassen, nur damit die Eltern ihrem Vergnügen nachgehen können.

Hinzu kommt noch eine zweifelhafte Errungenschaft heutiger Technik: der Fernsehapparat. Ziel- und planlos wird geschaut, was gesendet wird, übers ganze Wochenende. Auch spielt es offenbar vielerorts keine Rolle, wenn bereits vorschulpflichtige Kinder Western oder Krimis mitansehen. Hauptsache ist: Niemand braucht sich während dieser Zeit mit den andern zu beschäftigen. Alle können stumm vor sich hin konsumieren. Keiner braucht mit dem anderen zu reden. Und will einer ein Gespräch beginnen, so wird er als Störefried taxiert. Für ihn gibt es keinen Platz.

Aufgaben

- Versuchen Sie doch einmal, auf einer Liste während einer Woche festzuhalten, wieviel Zeit Sie während Ihrer Freizeit für wen aufgewendet haben:
  a) mit den Kindern zusammen: ..... Std. ..... Min.
  b) mit dem Partner zusammen: ..... Std. ..... Min.
  c) für sich selber: ..... Std. ..... Min.
  d) mit der ganzen Familie: ..... Std. ..... Min.
- Studieren Sie das Zahlenverhältnis und besprechen Sie es zusammen mit Ihrem Partner. (Allfällige Konsequenzen möchte ich Ihnen überlassen.)

Ist die Freizeitgestaltung nicht ein Barometer für die eheliche Entwicklung? Ist die gegenseitige Beziehung nicht am Absterben, wenn ein Ehepaar sich Abend für Abend nichts mehr zu sagen hat? Ist das nicht eine total falsche Form von Entspannung?

Ich glaube, daß Mann und Frau sich gemeinsam über die Gestaltung der Freizeit Gedanken machen müssen. Keiner hat ein besonderes Vorrecht. Alle (und dazu gehören auch die Kinder) sollen dabei auf die Rechnung kommen. Erlauben Sie mir dazu ein Beispiel aus meiner eigenen Karriere als Familienvater: Letzten Sommer saßen wir an einem herrlichen Sonntag im Garten. Für das Mittagessen teilten meine Frau und ich die Arbeit redlich auf. Sie richtete den Kartoffelsalat und deckte den Tisch. Ich grillierte Bratwürste und sorgte für das Getränk. Unsere Familienidylle stimmte mich glücklich und zufrieden. Bei Kaffee und Kuchen plauderten wir, die Kinder spielten friedlich. Dann holten wir unsere Liegestühle hervor und ließen es uns bequem sein. Es vergingen aber keine zehn Minuten, da stürmten die Kinder auf mich los: «Vati, chum doch mit eus go schwümme.» Ich seufzte. Muß das nun wirklich sein? Darf ich denn an einem Sonntag nicht auch einmal faulenzen? Ich tat, als hörte ich die Frage nicht und döste weiter. Da kam Claudia an meinen Liegestuhl, schüttelte kräftig und bettelte wiederum. Energisch schoß ich in die Höhe und wollte eindringlich um Ruhe bitten. Dabei stieß ich mit dem Knie an den Tisch und schüttete den Kaffeerahm aus. Claudia spürte, daß ich dem Explodieren nahe war und verzog sich blitzschnell. Meine Frau aber meinte ganz ruhig: «Du hast scheinbar zuviel Sonne erwischt!» Wütend erklärte ich ihr, daß ich überhaupt nicht im Sinn habe, mich in dieser brütenden Hitze unter eine badende Menschenmenge zu mischen. Zudem sei es auch für die Kinder im Garten viel schöner. Und ich sei müde und wolle mich ausruhen. «Ja», sagte meine Frau, «du hast Recht. Aber schau, ich bin die ganze Woche hindurch mit den Kindern zusammen. Dich sehen sie kaum. Dabei möchten sie doch so gerne auch etwas von dir haben, etwas mit dir erleben.» Ich erwiderte nichts. Eigentlich mußte ich ihr ja zustimmen. Aber mußte ich unbedingt jetzt mit den Kindern etwas unternehmen, wo ich doch so gar keine Lust dazu hatte? Eigentlich war ich innerlich wütend, packte aber trotzdem die Badehose ein und machte mich mit den Kindern auf den Weg ins Schwimmbad. Sie waren hell begeistert, freuten sich unbändig und steckten mich sogar an. Wir schwammen, spritzten, tauchten und spielten, bis wir genug hatten und nach zwei Stunden wieder nach Hause marschierten. Dort beschäftigten sich die Kleinen nun mit den Nachbarskindern im Sandhaufen, und ich lag völlig ungestört in meinem Liegestuhl, glücklich über die verlebten Schwimm- und Spielstunden. Auch meine Frau war zufrieden. Sie hat das Alleinsein ausgiebig genossen, denn die Momente, in denen sie sich ganz entspannen kann, sind für sie mit unseren drei kleinen Kindern selten genug. Am Abend sprachen wir dann über den verbrachten Sonntag und unsere Freizeitgestaltung ganz allgemein. Es war ja nicht das erste Mal, daß wir damit Schwierigkeiten hatten. Etwas vom Wichtigsten für uns war die Erkenntnis, daß wir gemeinsam versuchen müssen, für jeden von uns einen Freiraum zu schaffen, in dem er ganz tun kann, was er will. Das kann aber nur geschehen, wenn jeder bereit ist, einen Verzicht zu leisten und einen Teil seiner freien Zeit den andern zur Verfügung zu stellen. An meinem eigenen Beispiel habe ich gelernt, daß die Bedürfnisse der Schwächsten (der Kinder) nicht aus Bequemlichkeit einfach überspielt werden dürfen, daß ich aber auch mit der Zeit, die ich den Kindern schenke, meine Frau ganz wesentlich entlasten kann.

Sicher ist unser Familienerlebnis nicht weltbewegend. Ich hoffe aber, daß dieses Beispiel bei Ihnen doch etwas auslöst. Vielleicht erinnern Sie sich an ähnliche Beispiele in Ihrer Familie? Ich möchte, daß auch Sie sich Gedanken über Ihre Freizeitgestaltung machen. Wahrscheinlich kommen dabei ganz unerwartete Aspekte zum Vorschein. Vielleicht verlangen all diese Gespräche eine Veränderung Ihrer Freizeitgestaltung. Gelingt Ihnen eine Annäherung an die Bedürfnisse Ihrer Familienmitglieder, so werden sich mit Sicherheit neue positive Möglichkeiten erschließen. Ich weiß, daß es nicht leicht ist, zu diesen neuen Möglichkeiten immer ja zu sagen. Aber ich meine, wir sollten nie vergessen, daß wir nicht nur berufliche Verpflichtungen haben, sondern ebenso wichtige Verpflichtungen als Eheleute und Eltern eingegangen sind.

12. Ehen ohne Kinder

Es gibt verschiedene Gründe, weshalb Ehepaare ohne Kinder leben. Da sind einmal jene, die keine Kinder wollen. Andere erhalten keine Kinder, sei es aus gesundheitlichen oder medizinischen Gründen. Ich möchte an dieser Stelle nicht weiter darauf eingehen. Für beide Gruppen gilt aber, was für alle andern Ehepaare auch gilt: Mut im Ehealltag. Auch dieser Ehealltag ist nicht viel anders als anderswo. Probleme mit und wegen den Kindern fallen wohl weg, werden aber durch andere Problemstellungen ersetzt.

Wenn ich auf eine besondere Gruppe von Ehen ohne Kinder etwas ausführlicher eingehen möchte, dann deshalb, weil enorm viele Ehepaare schon jetzt oder bald einmal in diese Gruppe gehören: jene, deren Kinder bereits ausgeflogen sind. Die Scheidungsstatistiken zeigen ein verheerendes Ansteigen der Scheidungsrate von Ehepaaren, die 15 bis 20 und mehr Jahre verheiratet sind. Immer wieder höre ich die beklemmenden Sätze wie «Wir haben uns auseinandergelebt» oder «Die Distanz ist zu groß, wir haben keine gemeinsamen Interessen mehr». Nach 20 gemeinsamen Ehejahren wird Bilanz gezogen und festgestellt, daß zwischen Mann und Frau keine genügende Substanz mehr vorhanden ist, um die Beziehung aufrechtzuerhalten.

Eine 55-jährige Frau, 28 Jahre verheiratet, klagt: «Mir ist erst jetzt so richtig bewußt geworden, daß ich mich früher nur nach den Bedürfnissen und Wünschen meines Mannes gerichtet habe. Meine eigenen legitimen Wünsche und Bedürfnisse habe ich während all den Ehejahren zurückgestellt. Ich erachtete sie als zweit-, ja sogar als drittrangig. Zuerst kamen die Kinder, bei deren Erziehung ich völlig aufging. Dann kam der Mann, und für mich blieb einfach keine Zeit mehr übrig. Heute habe ich enorm Mühe, mich weiterhin anzupassen. Ich will lernen, mein eigenes Leben zu leben.»

Viele Frauen leben nach diesem Prinzip. Bei den älteren Generationen wird dies noch häufiger der Fall sein als bei den jüngeren. Die ganze Erziehung war ja schlußendlich auch darauf ausgerichtet, den Dienst im

Haus dienend zu verrichten. Der Auftrag eines Mädchens war von Beginn klar: Sie wird einmal Mutter werden. Weltwirtschaftskrisen, Kriege, Arbeitslosigkeiten und vieles mehr trugen das Ihre bei. Zudem war vielerorts auch das Geld gar nicht vorhanden, um Mädchen eine Lehre absolvieren zu lassen. Sie hatten als Schülerinnen bereits in der Fremde ihr Geld in Stickereifabriken oder als Magd auf einem Bauernhof zu verdienen. Ich höre heute noch meine Großmutter, die, mir aus ihrem Leben berichtend, nachdenklich mitteilte: «Bub, du hast gut lachen. Du weißt gar nicht, was es heißt, wenn eine Familie nichts mehr zu essen hat. Hätten wir nicht einen so großen Garten gehabt, ich wüßte nicht, wie ich die Kinder durchgebracht hätte.»

Ich weiß wirklich nicht, wie die Zeit damals war. Ich kann es mir wohl theoretisch vorstellen, nachfühlen werde ich es nie können. Ich kann aber begreifen, was damals in meinem Vater vorgegangen sein muß, als er mit noch nicht 17 Jahren als Ältester sein Bündel packen mußte um sich auf eigenen Füßen durchs Leben zu schlagen, eben weil für ihn zuhause kein Platz mehr war. Auch ich hätte bitterlich geweint, wenn ich als Knecht von meinem Zimmer aus hätte zuhören müssen, wie die Bauernfamilie Weihnachten feierte. Das Beispiel meiner Eltern wird wohl stellvertretend für viele Geltung haben.

In der Beratungsarbeit fällt mir immer wieder auf, daß Ehepaare, die eine ähnliche Entwicklung durchmachten wie meine Eltern, sich auf zwei Ebenen bewegen: Das Ziel des Mannes ist die Existenzsicherung der Familie. Er unternimmt alles, um den Kindern in finanzieller Hinsicht ein angepaßtes Leben zu ermöglichen. Die Frau ihrerseits konzentriert sich voll auf die Erziehung der Kinder. Für sie gilt nur ein Prinzip: Den Kindern das gleiche Schicksal zu ersparen. In diesen beiden Lebenszielen liegt meines Erachtens der Grundstein für das «Aneinandervorbeileben» begraben. Vor lauter Pflichterfüllung wird der Partner oft vergessen. Und um diesen Partner kümmert man sich zuwenig. Das Ziel, das sich beide gesteckt haben, absorbiert sie völlig. Was geschieht nun, wenn die Kinder plötzlich ausgeflogen sind? Mann und Frau werden sich wieder begegnen. Allerdings begegnen sie sich als zwei Fremde. Sie verstehen einander nicht mehr. Sie werden sich unweigerlich die Frage nach der gemeinsamen Zukunft stellen müssen.

Konzentriert sich die Frau beispielsweise voll auf die Erziehung, so wird sie sich später einen neuen Lebensinhalt suchen müssen.

Eine Ehe, in der ein Leben nebeneinander vorherrschte, wird dann, wenn die Kinder weg sind, kaum mehr eine befriedigende Basis finden. Ausgenommen sind jene, die sich ihrer Problematik bewußt sind und nun versuchen, ihr Leben gemeinsam neu zu gestalten. Das wiederum verlangt, daß sie miteinander reden, die Positionen klären, eine neue Standortbestimmung vornehmen und nach neuen Wegen suchen. Sie haben jetzt das zu tun, was sie in den letzten Jahren oder Jahrzehnten nicht mehr getan haben. Und hier unterscheiden sie sich wiederum nicht mehr von allen andern Ehepaaren. Ihre Aufgabe ist allerdings schwieriger zu lösen, haben sie doch während längerer Zeit nebeneinander gelebt.

Blicken wir zurück. Vielleicht sind 20 Ehejahre verstrichen. Vielleicht finden viele auch, daß ihre Ehebilanz nicht rosig aussieht. Bei allen Ehepaaren liegen aber gerade heute, bei der mittleren Lebenserwartung der Frau von 78 Jahren und des Mannes von 73 Jahren, nochmals soviele Ehejahre vor ihnen (wenn nicht noch mehr), wie sie bis heute miteinander zurückgelegt haben. Soll denn die Zukunft auch so trüb verlaufen, wie die Vergangenheit? Ist ein Umdenken und sich Neuorientieren im Sinne einer Bilanz der ehelichen Beziehung oder einer Standortbestimmung, wie ich sie im 2. Kapitel vorgeschlagen habe, nicht wesentlich sinn- und wertvoller als der scheinbar einfachere Weg der Trennung oder der Scheidung?

Allen, die an dieser Schwelle ihres Lebens stehen, möchte ich eigentlich nur empfehlen, das Buch nochmals von vorne durchzulesen und versuchen, gemeinsam mit dem Partner all die Fragen zu überdenken. Jede Ehe braucht immer wieder neue Impulse und Lebensinhalte. Sie zu suchen und zu finden, ist Sache eines jeden Paares, egal ob es 5, 10, 20 oder mehr Jahre verheiratet ist. Allen aber, die sich dieser Herausforderung stellen, wünsche ich von Herzen viel Mut, Kraft und den Willen durchzuhalten.

Literatur

Bach/Wyden: Streiten verbindet, Diederichs, Düsseldorf 1969

Clinebell, Howard J.: Reifezeugnus für die Ehe, Ch. Kaiser, München 1976

Comfort, Alex: Joy of Sex. Freude am Sex, Ullstein, Berlin 1976

Duss/Hauser: Das Buch von Liebe und Ehe, Walter, Olten 1970

Engel, Georg: Psychisches Verhalten in Gesundheit und Krankheit, H. Huber, Bern ²1976

Gordon, Thomas u. a.: Familienkonferenz, Hoffmann und Campe, Hamburg 1972

Haley, Jay: Gemeinsamer Nenner Interaktion, J. Pfeiffer, München 1978

Heigl/Heigl: Geben und Nehmen in der Ehe, «Geist und Psyche» Nr. 2151, Kindler, München 1975

Gelten und Geltenlassen in der Ehe, Verlag für angewandte Psychologie, Stuttgart 1963

Lieben und Geliebtwerden in der Ehe, «Geist und Psyche» Nr. 2118, Kindler, München ²1977

Mandel/Mandel: Einübung in Partnerschaft, J. Pfeiffer, München 1971

Minuchin, Salvador: Familie und Familientherapie, Lambertus, Freiburg 1977

Richter, Horst-Eberhard: Eltern, Kind und Neurose, rororo ratgeber, Bd. 6082/6083, Rowohlt, Reinbek 1969

Richter, Horst-Eberhardt: Patient Familie, Rowohlt, Reinbek 1970

Satir, Virginia: Familienbehandlung, Kommunikation und Beziehung in Theorie und Therapie, Lambertus, Freiburg 1973

Schwaebisch/Siehms: Anleitung zum sozialen Lernen für Paare, Gruppen und Erzieher, Rowohlt, Reinbek 1974, S. 10–150, Kapitel 1+2

Singer-Kaplan, Helen: Sexualtherapie, Enke, Stuttgart 1979

Stierlin, Helm: Das Tun des Einen ist das Tun des Andern, Suhrkamp, Frankfurt/M. 1972

Venetz, Josef: In der Ehe Gott erfahren, Rex, Luzern/München 1977

Watzlawick/Weakland/Fisch: Lösungen – Zur Theorie und Praxis menschlichen Wandels, H. Huber, Bern/Stuttgart 1974
Watzlawick u. a.: Menschliche Kommunikation, H. Huber, Bern 1969
Willi, Jürg: Therapie der Zweierbeziehung, Rowohlt, Reinbek 1978
Willi, Jürg: Die Zweierbeziehung, Rowohlt, Reinbek 1975
Zulehner, Paul: Ehe bauen, Lahn-Verlag, Limburg 1978